自民党〝裏金〟事件
刑事告発は続く

民主主義をあきらめない

上脇博之
（神戸学院大学法学部教授・憲法学）

日本機関紙出版センター

はじめに　～改めて、なぜ刑事告発してきたのか

いま、自由民主党（自民党）の代表的「政治とカネ」事件と言えば、何と言っても〝裏金〟事件でしょう。そう言えるほど国民の記憶に強烈に残っている事件となっているのではないでしょうか。

実は、私にとっては、まだ刑事告発を続けていますので、現在進行形の事件なのです。〝裏金〟議員は、自民党内では処分を受けてはいても議員を辞職していないし、説明責任を十分果たしているとは言えないので、国民の中にも、過去の事件ではなく現在の事件だと認識して、今も怒りを抱き続けておられる方も多いのではないでしょうか。そのため岸田文雄・総理総裁は9月に予定されている党総裁選挙に出馬しないと表明せざるをえませんでした。それほど悪質な事件なのです。

もっとも、事件発覚当初は、必ずしも〝裏金〟事件とは断定できませんでした。事件の発覚は「しんぶん赤旗日曜版」が一昨年（２０２２年）11月に自民党の派閥の政治団体の政治資金パーティーに関する調査結果のスクープ報道をしたことでした。その記事でコメントした私は東京地方検察庁（東京地検）に刑事告発しました。その容疑は政治資金規正法違反であり、〝裏金〟の可能性はあったもののの、その決定的証拠はなかったのです。ここでいう〝裏金〟とは、派閥の政治団体の政治資金収支報告書（「収支報告書」）に政治資金パーティー収入総額を過少記載して生み出され、それを支出して

も収支報告書にその支出を記載しない政治資金のことです。

昨2023年12月に入ると、「朝日新聞」が〝裏金〟がつくられており、それが派閥に所属する議員側にも流れ、それらも収支報告書に記載されない〝裏金〟になっていたと大きく報道し、一気に大事件として国民全体が知るところとなりました。岸田文雄総裁は「派閥の解散」まで言及し、岸田文雄自民党に激震が走ったのです。

その影響で、刑事告発した私に取材が殺到しました。これまでとは様変わりするほど取材数は激増しました。もともと調査したのは「しんぶん赤旗日曜版」の記者ですし、東京地検特捜部が捜査したからこそ事件が〝裏金〟事件になったのです。私は調査報道を活かすために刑事告発しただけです。それなのに私を過大評価する見方もあり、報道機関の取材を受け、私が、なぜ派閥の政治資金パーティー事件を刑事告発したのか、また、これまで他の多くの事件を刑事告発したのか、と質問を受けることになりました。そういう経緯で私の思いの一部が報道されることにもなりました。改めてここでも、私の思いを簡潔に書いておきましょう。

日本は1945年の敗戦を受け、天皇主権から国民主権主義に大転換しました。日本国憲法は、その結果、普通選挙を採用し、貴族院を民選の参議院にして議会を衆議院との二院制の国会に改変し、議会制民主主義を採用したのです。おそらく世間では、「普通選挙と議会（国会）が採用されていれば議会制民主主義だ」と理解する国民が少なくないのではないでしょうか。しかし、私は、それだけでは不十分だと考えています。

民主主義とは理論的には本来、直接民主主義のことを意味しています。やむをえず議会制を採用する場合であっても、議会（国会）を〝民意の縮図〟にするなど、限りなく直接民主主義に近いものにしなければ議会制民主主義にはならないのです。言い換えれば、民意を歪曲する選挙制度や政治資金制度の下では、議会制民主主義とはいえません。

私見では、民意を正確・公正に衆参国会に反映する選挙制度（無所属の立候補を保障した完全比例代表選挙）を採用すべきですが、民意を歪曲する衆議院小選挙区選挙・参議院選挙区選挙が採用されているので議会制民主主義になっていないのです。国民から政党を遊離させる憲法違反の政党助成金、腐敗の温床になっている憲法違反の企業献金が認められ、高額な使途不明金が許容されているので、法律の次元は議会制民主主義とはいえません。

議会制民主主義になっていなければ、政権は民意とは正反対の政治が簡単に強行でき、暴走できてしまいます。残念ながら、私の予想は的中し、現に日本国憲法を敵視する自民党政治は暴走し続け、独裁政治の方向へと突き進んできました。つまり、議会制民主主義の下ではなく、議会制民主主義が実現していない状況下で政権与党の暴走が簡単に行なわれてきたのです。

そのような状況において、政権の暴走を阻止するためには、従来の市民運動に加えて、国民の抵抗運動が必要です。そこで、私は、弁護士さんのご尽力に頼りながら、２００２年には「政治資金オンブズマン」の結成に参加し、その共同代表の一人として、政治団体の政治資金収支報告書や立候補者の選挙運動費用収支報告書などの客観的証拠に基づいて検察庁に刑事告発してきました。こうして大臣や国会議員ら政治屋の刑事責任を追及する運動を行なってきたのです。この運動は、日本国憲法が採用している議会制民主主義の実現に向けた運動の一部でもあります（詳細については、上脇博之『なぜ「政治とカネ」を告発し続けるのか』日本機関紙出版センター、２０２３年）。

本書は、その運動の一環として、第一に、自民党の派閥の政治団体が引き起こした政治資金パーティー裏金事件に対する責任追及運動、具体的には検察庁への刑事告発と検察審査会への審査申立てを紹介するものです（本書第1部）。第二に、事件が再び起こらないようにするための抜本的な政治改革案を具体的に提案し、自公政権与党の政治資金規正法改正内容を紹介して厳しく論評するものです（本書第2部）。

なお、今年7月には岩波新書から『検証　政治とカネ』を出版する機会に恵まれました。同書では、「政治とカネ」のイロハから解説していますが、本書は、前記の2点に絞って書き上げたものです。また、本書では資料編として二つの告発状をほとんどそのまま紹介しますが、横書きのため、ページが逆になります。是非とも、お読みください。

〈もくじ〉 自民党〝裏金〟事件　刑事告発は続く　民主主義をあきらめない

第9章　「政治とカネ」を監視しやすいように　146

第10章　政治改革の名に値しなかった自公与党の法律改正　151

第1部

自民党派閥の闇を照らす報道と刑事告発

第1章 「しんぶん赤旗日曜版」スクープ報道と刑事告発

◆政治資金パーティーに関する政治資金規正法の定め

自民党の主要派閥の政治資金パーティー事件は、当初から裏金づくりの疑いがありました。しかし、そう断定できる決定的な証拠があったわけではありません。それなのに「裏金がつくられた」という内容の告発状を作成して検察庁に送付すれば、受理されず返戻されてしまうことでしょう。

ですから、私が刑事告発したのは、その一歩手前の政治資金規正法違反事件でした。最初の刑事告発からほぼ1年後に裏金づくりの報道があったので、裏金報道に至るまでの経緯からご紹介しなければなりません。そのためには、その発端になった法的論点について説明しておく必要がありますので、政治資金規正法の定めからご説明しましょう。

同法は、政治団体に対し、総務大臣または都道府県選挙管理委員会（「都道府県選管」）に政治団体としての届出を義務づけ、毎年の収入及び支出（収支）について収支報告書を作成して提出するよう義務づけています。自民党の派閥の各政治団体も、総務大臣に届出をし、収支報告書を作成して提出しています。

また、同法は、政党（本部、支部）であれ、政党以外の政治団体であれ、政治資金を集めるためのパーティー（政治資金パーティー）を開催することを許容しています。もちろん、政治資金パーティーを

事業収入の明細記載義務（政治資金規正法第12条第1項第1号）

<table>
<tr><td>機関紙誌の発行その他の事業（政治資金パーティーを含む）収入明細</td><td>「特定パーティー」（1000万円以上）収入明細</td></tr>
<tr><td>その事業の種類及び当該種類ごとの金額</td><td>パーティーごとに、その名称、開催年月日、開催場所及び対価に係る収入の金額並びに対価の支払をした者の数</td></tr>
<tr><td colspan="2">「一の政治資金パーティー」の対価に係る収入について、「同一の者からの政治資金パーティーの対価の支払で、その金額の合計額が20万円を超えるもの」（対価の支払をした者の氏名、住所及び職業並びに当該対価の支払に係る収入の金額及び年月日）</td></tr>
<tr><td colspan="2">政治資金パーティー開催に要した経費の支出額と5万円以上の支出の明細</td></tr>
</table>

開催するかどうかは政党や政治団体の判断ですが、政党は企業から政治活動のための寄附（政治献金）を受け取れるのに、政治団体は企業献金を受け取れないので、政治資金パーティーを開催し、大量の政治資金パーティー券を企業に大量に購入してもらって事実上の企業献金を受け取ってきたのです。

そこで注意を要するのは、寄附収入と政治資金パーティー収入とは別の性格を有するものとして区別されているということです。寄附収入は受け取った側が全額自由に使えますが、政治資金パーティー収入は政治資金パーティー券購入者（政治資金パーティー会費支払者）に対し飲食などを提供しなければならないからです。

政治資金規正法は、政党又は政治団体が政治資金パーティーを開催した場合には、政治資金パーティー券を販売して得られた収入総額のほか、政治資金パーティーに要した経費などの支出総額と5万円以上の支出の明細（何について、いつ、幾ら、どこに支出したか等）を収支報告書にそれぞれ記載することを義務づけています。さらに、**一つの政治資金パーティーについて、同一の者**

「収入」の明細記載基準の違い（寄附収入と政治資金パーティー収入の透明度の違い）

収入の種類	明細を記載する基準	収支報告書に記載する明細事項
寄附収入	同一の者からの寄附で、その金額の合計額が**年間5万円を超えるもの**	寄附者の氏名、住所及び職業、寄附の金額及び年月日
「**一の政治資金パーティー**」の対価に係る収入	同一の者からの政治資金パーティーの対価の支払で、その金額の合計額が**20万円を超えるもの**	対価の支払をした者の氏名、住所及び職業並びに対価の支払に係る収入の金額及び年月日

（個人、会社、政治団体）からの20万円を超える収入については「支払者の氏名、住所、職業、支払い金額、年月日」の明細を収支報告書に記載しなければならないと定めているのです。

一方、寄附収入は、**年間に同一の者から5万円を超える寄附**を受け取ったときには「寄附者の氏名、住所及び職業、寄附の金額及び年月日」を収支報告書に記載するよう定めています。

政治資金パーティー収入は寄附収入に比べて透明度が低いのです。ただし、誤解が生じないように書いておきますが、前述の政治資金パーティー収入総額には、20万円を超えるものだけではなく、20万円以下のものも含め、すべての売り上げの合計額を記載しなければなりません。

◆「しんぶん赤旗日曜版」編集部記者の粘り強い調査

私は、2002年結成の「政治資金オンブズマン」の共同代表（2023年から代表）をしていることもあって、さまざまな報道機関から取材を受け、コメントしてきました。日本共産党の機関紙「しんぶん赤旗」の日刊紙や日曜版の各編集部の記者からも、これまで

自民党の５派閥とその政治団体名

派閥名	細田・安倍派	二階派	竹下・茂木派	麻生派	岸田派
政治団体名	清和政策研究会	志帥会	平成研究会	志公会	宏池政策研究会

何度も取材を受けコメントしてきました。

そんな中、２０２２年10月下旬ごろから11月の初めにかけて、「しんぶん赤旗日曜版」の記者から調査した結果を見てほしい、という連絡を受けました。それは５派閥の各政治団体は、多数の政治団体から20万円を超える政治資金パーティー券を購入してもらっているのに、その明細を収支報告書に記載していないという調査結果でした。これは「しんぶん赤旗日曜版」（２０２２年６月19日号）が報道した問題について更に調査を進めたものでした。

自民党の主要な5派閥とは、細田派・安倍派、二階派、竹下派・茂木派、麻生派、岸田派です。それぞれ政治団体を結成しています。それぞれの正式名称は「清和政策研究会」「志帥会」「平成研究会」「志公会」「宏池政策研究会」です。

「しんぶん赤旗日曜版」の記者の調査結果を見て、まず、「よくぞ、ここまで調査されたな」と驚きました。派閥の政治団体の収支報告書の収入欄に明細が記載されているものについては、パーティー券を買った政治団体の収支報告書の支出欄の記載を見て、金額に間違いがないか確認しますので、これは頑張れば、比較的簡単にできます。しかし、派閥の政治団体の収支報告書の収入欄に明細が記載されていないものを、あえて探すのは、ものすごく手間がかかるのです。そもそも、どの政治団体が派閥のパーティー券を買ったのか、事前にわかっていませんから、わからない中で、あえて探さないといけないからです。

政治団体の収支報告書は一部の県選管を除き、総務省と都道府県選管のウェブサイトでインターネット公表されていますから、そこにアクセスして探すことになります。しかし、全国には北海道から沖縄まで5万を超える数の政治団体がある中で、派閥の政治団体の20万円を超えるパーティー券を買ったのがどの政治団体なのかを探さないといけないわけです。気が遠くなるような地道な調査です。一喜一憂、否、憂、憂、憂、憂、憂、憂の連続で、稀に喜。そうして探し出すのです。

例えば、総務省は検索機能を通じて探せます。〝派閥の政治資金パーティーの名称〟または〝派閥の政治団体の名称〟を入力して検索した場合、ヒットするのは、パーティー券を買ったと記載している政治団体の収支報告書だけではなく、寄附を受けた政治団体の収支報告書もヒットするので、検索が機能していても手間がかかります。パーティー券を買った政治団体が全て20万円を超えて購入しているわけではありません。20万円以下は多数あります。

以上については、総務省以外の県選管でも同じです。

一方、収支報告書について検索が機能していない県選管は、さらにもっともっと手間と時間がかかります。すべての政治団体の収支報告書を一つひとつ確認するのは無駄なので、派閥の政治団体の収支報告書に20万円超の明細が記載されている政治団体の名称を手掛かりにして、「この業界の政治団体は、大口の購入をしているのではないか」と予想して探すことになります。おそらく探された記者さんは心が折れたんじゃないかと思うぐらい、粘り強く探されたはずです。

私は、かつて「大阪維新の会」の政治資金パーティーに関し明細不記載を探したこともありました。そのときは大阪府選管のウェブサイトを探すだけでした。その経験もあったので、全国的に探された「しんぶん赤旗日曜版」編集部の記者の調査結果を見て、「よくぞ、ここまで調査されたな」と驚いたのです。

◆5派閥の政治団体の悪質な明細不記載

私が驚いた二つめは、5派閥の各政治団体の悪質性です。

政治団体の収支報告書の保存期間は直近の3年分だけ。2022年10月末～11月初めの時点では、総務省がウェブサイトでインターネット公表している派閥の政治団体の収支報告書は、2018年分、2019年分、2020年分の各収支報告書です。2021年分の収支報告書は2022年の春に提出され、総務省がインターネット公表するのは、同年11月下旬です。ですから、記者は2018年分～2020年分の各収支報告書の記載をチェックして調査結果をまとめられたのです。

調査結果を見ると、明細の不記載は一つや二つではないのです。少数であれば、「見落としました。ミスです」と弁明されて終わったことでしょう。しかし、そうではありませんでした。一つの派閥の1年間の明細不記載が数多くあり、それが2018年から2020年まで毎年ありました。それが一つの派閥だけではなく五つの主要派閥であったのです。明らかに明細不記載の手口が自民党内に蔓延しており、組織的に行なわれたもので、極めて悪質であると思いました。

さらに、思ったことが2点あります。一つは、確認できた明細の不記載が〝氷山の一角〟ではないか、ということです。というのは、明細の不記載を確認できたのは、政治団体の購入分だけだからです。個人、会社、任意の団体などは国民が確認できる収支報告制度がないので、会社などが20万円を超えるパーティー券を購入していたとしても、内部告発がない限り、明細の不記載を指摘できないからです。おそらく、あえて明細を記載しないのであれば、収支報告制度のある政治団体の購入分よりも収支報告制度のない会社の方が遥かに多いはずです。ですから、確認できた明細の不記載は、政治団体分だけなので、〝氷山の一角〟ではないかと思ったのです。

二つめは、おそらく、明細を記載しなかった分が裏金になっている可能性が高いので、そうであれば、裏金も〝氷山の一角〟ではないか、ということです。

私のコメントを紹介した「しんぶん赤旗日曜版」（２０２２年11月6日号）は、以上の5派閥の政治団体の20万円を超える政治資金パーティー収入の明細不記載を、スクープ報道したのです。「パー券収入脱法的隠蔽」「２５００万円分不記載」、と！

派閥の政治団体は、不記載の指摘を受けて慌てて収支報告書を訂正しました。それも「しんぶん赤旗日曜版」（２０２２年11月13日号）が報道しました。

◆東京地検に刑事告発

私は、「日曜版」の記者の粘り強い調査結果を活かす必要があるし、5派閥の各政治団体の悪質さを考えれば刑事告発しない選択肢はないと判断し、取材を受けた直後から、告発状の作成に取り掛かりました。５派閥の各政治団体の告発事実とその理由を一つの告発状にまとめて書くのは事実上無理なので、５派閥の政治団体ごとに一つひとつ告発状を書いていきました。

２０１８年からの３年分で明細の不記載額の一番多かったのは細田派・安倍派の政治団体「清和政策研究会」で、二番目に多かったのは竹下派（後の茂木派）の政治団体「平成研究会」でした。

そこで、２０２２年11月中に、この２派閥の政治団体の告発状３本（そのうち1本は追加の告発）を書き上げ、証拠資料と共に東京地検に郵送しました（本書の最後に「資料」として最初の「清和政策研究会」告発状を紹介しています）。

その後、別の複数の事件の告発状を何本か書いていました（参照、上脇博之『なぜ「政治とカネ」を告発し続けるのか』日本機関紙出版センター、２０２３年）ので、年内の告発状作成はできませんでした。残りの二階派、麻生派、岸田派の３派閥の政治団体「志帥会」「志公会」「宏池政策研究会」の告発状は、年明け２０２３年1月1日、6日、9日に、それぞれ書き上げて郵送しました。

いずれも、政治資金規正法違反の収支報告書不記載罪・虚偽記入罪で、各派閥の政治団体の代表者、会計責任者、事務担当者を告発しましたが、国会議員が代表者になっていない派閥の政治団体の場合には、会長の国会議員も告発しました。事務方の判断だけで、20万円を超えるパーティー収入の明細を記載しないという判断はできないはずだからです。

この間、私も、各告発状を書くために、インターネット公表されている全国の業界の政治団体の

自民党の主要5派閥の政治団体の政治資金パーティー総収入（収支報告書訂正前）

派閥	政治団体	2018年	2019年	2020年	2021年	2022年
細田・安倍	清和政策研究会	2億0802万円	1億5338万円	1億0262万円	1億2000万円	9480万円
二階	志帥会	2億1745万円	2億4940万円	1億2767万円	2億7803万円	1億8845万円
竹下・茂木	平成研究会	1億4414万円	1億6472万円	1億8146万円	1億9269万円	1億8142万円
麻生	志公会	2億6144万円	2億4940万円	2億1706万円	2億1938万円	2億3511万円
岸田	宏池政策研究会	1億7322万円	1億8292万円	1億5533万円	1億4967万円	1億8329万円

収支報告書の記載を確認しました。なかなか見つけられませんでした。私が独自に認めたのは極わずかでした。空振りばかりでしたので、本当に心が折れるような気持ちになりました。

パーティー券を買った側は1回で買っているものばかりではありませんでした。何回も買っている政治団体もあるのです。見落としがないかどうかチェックしないといけません。

告発状を書く際も、金額が間違ってないかとか、日付が間違ってないか。特に金額の間違いがないかどうか、細心の注意が必要でした。「数学は得意なんですが算数が苦手」なので、足し算を間違ってないか、本当に神経を使います。左眼が黄斑の病気で視力が弱く、物が歪んで見えるので細心の注意を払うのです。だいぶ疲れました。

告発状を書いていて、やはり政治資金パーティー総収入額を過少記載して〝裏金〟がつくられているのではないかと改めて感じました。というのは、所属議員が一番多い細田派・安倍派の政治団体「清和政策研究会」の２０１８年～２０２０年における各政治資金パーティー総収入額が他の派閥の政治団体のそれよりも必ずしも多いわけではなく、むしろ少なかったからです。この点は、後述する

２０２１年分と２０２２年分の告発状を作成する際にも同様の思いを抱きました。

昨２０２３年10月になると、「しんぶん赤旗日曜版」編集部の記者から再び取材を受けました。２０２０年分までの明細不記載がまだあり、２０２２年11月下旬にインターネット公表された２０２１年分の明細不記載も発見した、というのです。私は、その報道前に各告発状を書き上げ、順次告発状を東京地検に郵送しました。「しんぶん赤旗日曜版」は２０２３年11月５日号で「自民〝脱法〟パー券積もりに積もって４０００万円」と報道しました。

政治資金規正法は同一の者がパーティー券を購入する場合、その金額の上限を１５０万円と定めているのですが、明細の不記載の中には、パーティー券を購入した政治団体が１５０万円を超えているものもありました。これについては、別に告発状を書いて告発しました。

２０２３年11月下旬になると２０２２年分の収支報告書がインターネット公表されました。これまで率先して報道してこなかった報道機関が派閥の各政治団体の明細不記載を報道したのです。私は、２０２２年の１５０万円超の告発を先に行ない、昨年12月には２０１８年分～２０２２年分の収支報告書の記載を再度確認したところ、これまで刑事告発していなかった分も含め２０１８年～２０２２年の明細不記載が多数あったので、順次刑事告発したのです。最後の告発は、今年（２０２４年）１月21日付告発状でした。

これまで刑事告発していなかった分のほとんどは、派閥の政治団体が収支報告書を加筆訂正した分でした。この加筆訂正は、「しんぶん赤旗日曜版」編集部が不記載を指摘した後の訂正なので、不記載の〝自白〟です。私はそう考えて追加告発したのです。特に２０２２年分の収支報告書は２０２３年春に東京都選挙管理委員会を介して総務大臣に提出されています。つまり、前述したように「しんぶん赤旗日曜版」が２０１８年分～２０２０年分の明細不記載をスクープ報道した２０２２年11月の後の提出なのです。したがって、２０２２年分の明細不記載は派閥側が反省していなかった結果だと判断したので、告発したのです。

また、２０２３年12月になると「裏金」報道があり、報道機関の報道は一気に「裏金」に関するものばかりになり、11月に報道された派閥の政治団体の20万円超の明細不記載についての報道がなくなりました。しかし私は、あえて明細不記載の追加告発をしたのです。

さらに、派閥の政治団体が収支報告書を加筆訂正したのは、「しんぶん赤旗日曜版」が指摘した、政治団体が購入していた分だけであり、会社が購入した分についての加筆訂正が一件もなかったのはあまりにも不自然だったで、そのことを強調するためにも追加告発したのです。

裏金報道の中で事務総長の役割が重要だとわかったので、２０１８年以降の各派閥の政治団体の事務総長を被告発人に加える各告発補充書も郵送しましたし、昨年12月以降に郵送した告発状では初めから事務総長も告発しておきました。

５派閥の政治団体の２０１８年分から２０２２年分までの5年間の政治資金パーティー収入明細の不記載総額は６９１４万円で、その半分近くの３２９０万円は「清和政策研究会」でした。一番少なかったのは「宏池政策研究会」の３０２万円でした。

告発日（告発状の日付）…告発補充書は除く

政治団体名	2018年～20年分	～20年分追加	2021年分	21年150万円超	22年150万円超	18年～22年追加
清和政策研究会	**22年11月9日** 22年11月16日	—	—	23年10月13日		23年12月8日
志帥会	23年1月1日	23年10月12日	23年10月15日	23年10月13日	23年11月29日	23年12月18日 24年1月21日
平成研究会	22年11月24日	—	23年10月14日			23年12月29日
志公会	23年1月6日	23年10月12日	—		23年11月29日	23年12月25日
宏池政策研究会	23年1月9日	—	—			24年1月1日

政治団体名	18年～20年	～20年追加	2021年	21年150万円超	22年150万円超	18年～22年追加	総計
清和政策研究会	1946万円	—	—	6万円		1338万円	**3290万円**
志帥会	468万円	80万円	206万円	220万円	194万円	408万円	**1576万円**
平成研究会	526万円	—	94万円			218万円	**838万円**
志公会	340万円	70万円	—		180万円	318万円	**908万円**
宏池政策研究会	212万円	—	—			90万円	**302万円**
合計	3492万円	150万円	300万円	226万円	374万円	2372万円	**6914万円**

ただし、留意すべきことは第一に、岸田文雄総理の地元広島、麻生太郎元総理の地元福岡など、幾つかの各県選挙管理委員会は従来ウェブサイトで収支報告書をインターネット公表してこなかったことです。それゆえ、当該県選管に提出されている政治団体の収支報告書を入手できなかったので、それらの県選管提出分については記者も私も20万円超の政治資金パーティー収入

派閥以外の20万円超パーティー収入明細不記載等の告発

政治団体名	代表者	年	明細 不記載額	告発日
自由民主党 東京都支部 連合会	萩生田光一	2022年	380万円	2024年 1月2日
都議会 自由民主党	鈴木章浩	2019年 2022年	174万円 274万円	2024年 1月4日

明細の不記載・虚偽記入を発見できなかったことです。

第二に、収支報告書の保存期間が3年しかないので、２０１７年以前明細不記載は確認できていないのです。第三に、前述したように会社などは収支報告制度がないので、記者も私もそれらの購入分を確認できないのです。

要するに、各派閥の政治団体の明細不記載額は〝氷山の一角〟だということです。まだまだ闇は明らかになっていないのです。

ところで、自民党の派閥以外でも、20万円超の政治資金パーティー収入の明細不記載がありました。その政治団体は、代表が萩生田光一衆議院議員の「自由民主党東京都支部連合会」と代表が鈴木章浩都議会議員の「都議会自由民主党」でした。「自由民主党東京都支部連合会」の不記載は、２０２２年３８０万円、「都議会自由民主党」の不記載額は２０１９年１７４万円、２０２２年２７４万円でした。

これも昨年11月に「しんぶん赤旗日曜版」（２０２３年11月26日号）がスクープ報道したので、私は今年1月初めに東京地検に刑事告発したのです。

第2章「朝日新聞」裏金スクープ報道と刑事告発

◆やはり裏金がつくられていた！

繰り返しますが、第1章で紹介しました私の刑事告発は、あくまでも政治資金パーティー収入のうち、20万円を超える収入明細を記載していなかった点を東京地検に刑事告発したものです。裏金そのものの告発ではないのです。裏金があるという告発状を書いても、その決定的証拠を入手していないのでその金額も明示できません。東京地検は、そんな告発状を受理するとは限らないからです。したがって、まずは検察庁に受理してもらえる告発状を書くしかありませんでした。

とはいえ、20万円を超える収入明細の不記載分は、裏金になっている可能性があると思っていましたので、告発状の最後に、その捜査も求めておいたのです。

真実は、言うまでもなく、以下のうちのいずれかでした。

①各派閥の政治団体の政治資金パーティー収入のうち20万円を超える収入明細の不記載はあったものの、政治資金パーティー収入総額の記載は真実である。

②各派閥の政治団体の政治資金パーティー収入のうち20万円を超える収入明細の不記載は裏金をつくるためであり、政治資金パーティー収入総額の記載は過少である。

昨2023年11月21日、立憲民主党の大西健介議員は、岸田文雄首相に対し、以下のように指摘して質問しました。

「この不記載は、（自民党の）５つの派閥全てにあって、多数の団体、多額に上っています。告発人の上脇神戸学院大学教授は、売り上げ総額を過少にして、〝裏金〟をつくっているのではないか、との疑惑を指摘しています」

これに対し、岸田文雄首相は、自身の派閥について「訂正を行っても、対価の支払い総額、これは全く変わっておりません。その中で、20万円を超えた支払いについて、支払い者の名称を記載しなければならないところ、それが漏れていたということであります。〝裏金〟云々というご指摘は当たらないと思っております」と答弁し、〝裏金〟を作っていない、と否定したのです（「自民党5派閥〝パーティー券〟問題　岸田首相は〝裏金作り〟を否定」日本テレビ２０２３年11月21日20時54分配信）。岸田文雄首相のこの答弁は前記①だと弁明したことになります。

安倍派の塩谷立座長は11月30日、同派主催の政治資金パーティーについて、「割り当てということでパーティー券を販売してもらうことはある」と記者団に述べ、議員にノルマを課していたことを明かした上で、ノルマを超えてパーティー券を販売した議員に資金のキックバックがあったかどうかを問われると、「あったと思う」と語りました。ところが、その約5時間後、塩谷座長は自らがキックバックを認めた発言について、「事実確認しておらず、撤回したい」と釈明し、事実関係を「精査する」と記者団に繰り返したのです（「自民安倍派・塩谷座長、パーティー収入キックバック『あったと思う』…5時間後に撤回し『精査する』」読売新聞２０２３年11月30日 21時02分）。

しかし真実は、やはり前記②だったのです。

昨年12月には「朝日新聞」が裏金づくりを連日スクープ報道しました。

「自民党の派閥が開いた政治資金パーティーをめぐる問題で、最大派閥の清和政策研究会（安倍派）が、所属議員が販売ノルマを超えて集めた分の収入を裏金として議員側にキックバックする運用を組織的に続けてきた疑いがあることが、関係者への取材でわかった。派閥の政治資金収支報告書には収入・支出のいずれも記載しておらず、裏金の総額は直近5年間で1億円を超えるという。」（「安倍派、1億円超の裏金か パー券ノルマ超えを還流 地検が立件視野」朝日新聞２０２３年12月1日5時00分）

「自民党最大派閥の清和政策研究会（安倍派）の政治資金パーティーをめぐり、所属議員が販売ノルマを超えて集めた1億円超の収入を派閥が裏金として議員側にキックバックしていたとされる問題で、議員の側がノルマ超え分をそもそも派閥に納めずに裏金化する手法もあることが、安倍派関係者への取材でわかった。」（「安倍派の議員側も裏金化 パー券のノルマ超え分、派閥に納めない手法」朝日新聞２０２３年12月2日5時00分）

「自民党の派閥が開いた政治資金パーティーをめぐる問題で、最大派閥『清和政策研究会』（安倍派）のほかに『志帥会』（二階派）も、所属議員が販売ノルマを超えて集めた分を、派閥の政治資金収支報告書の収入に記載しない運用をしていた疑いがあることが、関係者への取材でわかった。不記載の総額は、直近5年間で、安倍派と同様に1億円を超えるとみられる。」（「二階派も1億円超の収入不記載か　パー

券ノルマ超え　地検が立件視野」朝日新聞２０２３年12月3日5時00分）

「自民党の最大派閥『清和政策研究会』（安倍派）が政治資金パーティー収入の一部を裏金化していたとみられる問題で、派閥が直近5年間で所属議員にキックバック（還流）した裏金の総額が約5億円に上る疑いがあることが、関係者への取材でわかった。」（「安倍派の裏金、5億円か　所属議員の大半に還流　派閥側の立件不可避」朝日新聞２０２３年12月12日 4時00分）

「岸田文雄首相が会長を務めていた自民党派閥『宏池政策研究会』（岸田派）が政治資金パーティーの収入の一部を政治資金収支報告書に記載していなかったとされる問題で、不記載額は２０１８～20年の3年間で2千万円余りとみられることが、関係者への取材でわかった。所属議員の誰が販売したパーティー券か不明な分を、会計責任者が除外していたという。」（「岸田派、不記載は3年で2千万円超か　販売議員不明のパー券収入除外」朝日新聞２０２３年12月14日4時00分）

これ以降、報道は一気に裏金事件に移行していきました。それらの報道により、5派閥の政治団体は所属議員にパーティー券販売のノルマを課していたことが判明しました。そのうち、細田・安倍派の「清和政策研究会」等は、パーティー券販売ノルマを超えた分を議員側にキックバック（寄附）し、その収支を収支報告書に記載しない裏金にし、また所属議員が派閥に販売金を渡さず裏金になっているもの（中抜き）もあると報道されたのです。私は「中抜き」について「持ち逃げ」と表現しています。

ただし、安倍派「清和政策研究会」は、少なくとも参議院通常選挙のあった２０１９年と

２０２２年につき所属議員に販売ノルマを設けず同議員が販売した全額をキックバックしていました（「安倍派 参院選の年は改選参院議員に全額キックバックか」ＮＨＫ２０２３年12月25日 18時36分）。

前述したように私は、前掲の20万円超の明細不記載等の各告発状の最後の方で、裏金の可能性を指摘し東京地検に裏金捜査を求めていたのですが、その予想が結果的に的中し、その要求が功を奏したことになります。

安倍派の大野泰正参院議員が５０００万円超、池田佳隆衆院議員と谷川弥一衆院議員がそれぞれ４０００万円超など、キックバックを受け取った複数の議員らの氏名と金額も報じられました（「安倍派３人に５千万円超〜４千万円超　最大規模の裏金か　パー券収入」朝日新聞２０２３年12月10日 4時00分）。

◆23年12月、大臣らの一部交代と特捜部の家宅捜査

岸田文雄総理は、裏金事件報道を受けて、昨年12月14日、松野博一官房長官ら安倍派の大臣・副大臣らを交代させました（「【14日の動き】政治資金問題で閣僚交代 安倍派『5人衆』辞任」ＮＨＫ２０２３年12月14日 21時27分）。

また同日、自民党安倍派幹部の一人である世耕弘成参議院幹事長は辞表を提出し、同じく安倍派の萩生田光一政務調査会長は岸田総理と会談し、岸田総理（総裁）に辞表を提出し、安倍派の事務総長を務める高木毅国会対策委員長は茂木幹事長に辞表を提出しました。

東京地検特捜部はその5日後の同月19日、安倍派と二階派の関係先を家宅捜索ました。同月27日は「清和政策研究会」の池田議員、翌28日は大野議員の各議員会館事務所・議員宿舎をそれぞれ家宅捜

岸田文雄内閣の大臣等の一部交代

	更迭	後任
官房長官	松野博一（安倍派）	林芳正・前外務大臣（岸田派）
経済産業大臣	西村康稔（安倍派）	齋藤健・前法務大臣（無派閥）
総務大臣	鈴木淳司（安倍派）	松本剛明・前総務大臣（麻生派）
農林水産大臣	宮下一郎（安倍派）	坂本哲志・元地方創生担当大臣（森山派）
内閣府副大臣	堀井　学（安倍派）	古賀篤（岸田派）
外務副大臣	堀井　巌（安倍派）	柘植芳参議院議員（無派閥）
文部科学副大臣	青山周平（安倍派）	阿部俊子（無派閥）
経済産業副大臣	酒井康行（安倍派）	上月良祐参議院議員（茂木派）
防衛副大臣	宮沢博行（安倍派）	鬼木誠（森山派）
財務政務官	佐藤　啓（安倍派）	進藤金日子参議院議員（二階派）
総理大臣補佐官	上野通子（安倍派）	

索した上で、今年（２０２４年）１月７日、池田議員がその秘書に「証拠になるものは消せ」と証拠（記録媒体データ）隠滅を指示していたとして池田議員らを逮捕しました。

日本テレビは、安倍派につき「中抜き」（持ち逃げ）も含めると６億７６５４万円にもなると報道しました（「自民党議員〝裏金トップ10〟判明　安倍派〝5年間で6億7654万円〟不記載、訂正届け出」（日本テレビ放送網２０２４年２月１日０時00分）。

◆薗浦健太郎衆議院議員（当時）の闇パーティー事件と自民党派閥の裏金事件

ところで、「毎日新聞」（２０２４年９月２日）が、２０２２年に政治資金規正法違反で元安倍総理秘書官の薗浦健太郎元衆院議員が罰金などの略式命令を受けた事件で、元秘書が東京地検特捜部の調べに対し、薗浦氏が所属していた麻生派「為公会」（後の「志公会」）の政治資金パーティーの収入から２０１７年にキックバックされた

380万円を、事務所の裏金をためる口座に入れたと供述していたことが、刑事裁判の確定記録から判明したとスクープ報道しました。

2022年12月6日付の供述調書によると、元秘書は検察官に対し、事務所には「そのけん会口座」という「裏の口座」があったと明言し、「政治資金収支報告書に記載せずに選挙などに自由に使える資金を積み立てる」ために使っていたと説明したというのです（「麻生派で裏金認める初の証言　元所属議員秘書が特捜部に供述」毎日新聞２０２４年9月2日5時00分）。

この報道で幾つか思うことがあるのですが、その一つは、薗浦元議員が略式に至った経緯と今回の裏金事件との関連です。

実は、罰金などの略式命令を受けた薗浦元衆院議員が東京地検特捜部の捜査を受けるきっかけになったのは、これまた「しんぶん赤旗日曜版」でした。薗浦健太郎衆議院議員（当時）の資金管理団体「新時代政経研究会」は２０１９年に、同年分収支報告書に記載していたオモテの政治資金パーティー「薗浦健太郎君を励ます会」とは別に、収支報告書に記載しなかったウラ（闇）の政治資金パーティー「そのうら健太郎と未来を語る会」を開催していました。後者の不記載は政治資金規正法違反です。この事件について「しんぶん赤旗日曜版」編集部は２０２１年3月15日付で薗浦事務所に質問文を送ったところ事務所は回答しないまま、その2日後の同月17日付で「新時代政経研究会」の２０１９年分収支報告書の収入欄に、「そのうら健太郎と未来を語る会」（同年4月3日開催）の収入は１６２万円で、支出欄に「会場使用料」として約46万3千円をホテル側に支払ったと書き加える訂正がなされました（「しんぶん赤旗日曜版」２０２１年３月21日号、５月30日号で報道）。

経費を差し引いた収益は約１１５万7千円でしたから、それが裏金になっていたわけです。しかし、薗浦事務所は裏金がなかったかのように「翌年への繰越額」をその分増額させて訂正したのです。「安倍晋三後援会」の代表（安倍晋三公設秘書）が２０２０年12月下旬に闇政治資金パーティー「桜を見る会前夜祭」の収支の不記載罪で略式起訴されたので、慌てて訂正したわけです。

私は、薗浦議員と会計責任者（公設第一秘書）を政治資金規正法違反の不記載・虚偽記入罪で東京地検に刑事告発するために、同年９月末に東京地検特捜部に告発状を送付しました。収入の不記載額は合計２０８万3千円程度でしたが、これは後に〝氷山の一角〟だったことが判明します。

２０２２年12月22日、東京地検特捜部から告発人の私に電話があり、前日に議員辞職し自民党を離党した薗浦氏らを「起訴し略式請求した」旨の説明を受け、その通知は後日届きました。報道によると、略式起訴されたのは、薗浦氏と元公設第一秘書のほか元政策秘書の３人。過少記載があったのは「新時代政経研究会」だけではなく「自民党千葉県第5選挙区支部」の二つ。刑事事件として立件された虚偽記載・不記載額は計約４９００万円にのぼりました（「過少記載の総額は４９００万円　薗浦前議員を略式起訴、秘書ら2人も」朝日新聞デジタル２０２２年12月22日14時45分）。

つまり、収支報告書に記載していたオモテの政治資金パーティーでも収支の過少記載（虚偽記入）があり、告発時に判明していた不記載額は２０８万3千円程度だったのに、特捜部が捜査したところ約４９００万円にも膨れ上がったわけです。

自民党の「為公会」事件、薗浦議員事件の捜査と自民党5派閥の政治資金規正法違反事件

年月日	出来事
2017年4月12日	薗浦健太郎衆院議員が所属していた自民党麻生派「為公会」（現・志公会）が政治資金パーティーを開催。
2019年4月3日	薗浦健太郎衆議院議員(当時)の資金管理団体「新時代政経研究会」が闇政治資金パーティー「そのうら健太郎と未来を語る会」を開催
2020年12月24日	私と弁護士さんらが東京地検特捜部に刑事告発していた「安倍晋三後援会」の闇政治資金パーティー「桜を見る会前夜祭」事件で、その代表（安倍晋三公設秘書）がその収支の不記載罪・政治資金収支報告書違反で略式起訴。
2021年3月15日	「しんぶん赤旗日曜版」編集部が闇政治資金パーティー「そのうら健太郎と未来を語る会」について薗浦事務所に質問文を送付
2021年3月17日	「新時代政経研究会」の2019年分収支報告書の収入欄に、「そのうら健太郎と未来を語る会」の収入は162万円、支出欄に「会場使用料」として約46.3万円をホテル側に支払ったと書き加える訂正。
2021年3月21日号5月30日号	「しんぶん赤旗日曜版」が「新時代政経研究会」の闇政治資金パーティーをスクープ報道。
2021年9月28日	私は薗浦健太郎議員と会計責任者（公設第一秘書）の政治資金規正法違反容疑で東京地検特捜部に告発状を郵送。
2022年11月6日	「しんぶん赤旗日曜版」が自民党5派閥の政治団体の2018年分～2020年分の20万円超政治資金パーティー収入明細不記載2500万円を報道。
2022年11月9日	私は安倍派「清和政策研究会」の2018年分～2020年分の20万円超政治資金パーティー収入明細不記載容疑で東京地検特捜部に告発状を郵送。
2022年11月13日	「しんぶん赤旗日曜版」が自民党5派閥の政治団体の2018年分～20年分の20万円超政治資金パーティー収入明細不記載の追加報道。
2022年11月16日	私は安倍派「清和政策研究会」の2018年分～20年分の20万円超政治資金パーティー収入明細不記載容疑で東京地検特捜部に追加の告発状を郵送。
2022年11月24日	私は竹下・茂木派「平成研究会」の2018年分～20年分の20万円超政治資金パーティー収入明細不記載容疑で東京地検特捜部に告発状を郵送。
2022年12月6日	麻生派「為公会」（現・志公会）は2017年に開催した政治資金パーティーの収入から薗浦健太郎衆院議員側に380万円を分配し、薗浦議員の事務所全体の資金管理をしていた元公設秘書は事務所には「そのけん会口座」という「裏の口座」があり、「政治資金収支報告書に記載せずに選挙などに自由に使える資金を積み立てる」ために使っていたと検察官に供述した。「為公会」も薗浦議員側も2017年分政治資金収支報告書に当該380万円の資金移動を記載しなかった。
2022年12月22日	東京地検特捜部は薗浦氏、元公設第一秘書、元政策秘書の3人を略式起訴。「新時代政経研究会」・「自民党千葉県第5選挙区支部」の虚偽記載・不記載額は計約4900万円。
2023年1月1日	私は二階派「志帥会」の2018年分～20年分の20万円超政治資金パーティー収入明細不記載容疑で東京地検特捜部に告発状を郵送。
2023年1月6日	私は麻生派「志向会」の2018年分～20年分の20万円超政治資金パーティー収入明細不記載容疑で東京地検特捜部に告発状を郵送。
2023年1月9日	私は岸田派「宏池政策会」の2018年分～20年分の20万円超政治資金パーティー収入明細不記載容疑で東京地検特捜部に告発状を郵送。

東京地検特捜部は、薗浦元議員らを略式起訴する半月前に、麻生派「為公会」でも政治資金パーティーで裏金がつくられていたとの証言を得ていたのです。

「しんぶん赤旗日曜版」のスクープ報道（2022年11月6日号、同月13日号）が自民党の主要5派閥の各政治団体が2018年から2020年の3年に開催した政治資金パーティーにおける20万円超の収入明細を記載しなかった政治資金規正法違反をスクープ報道したので、私はこの刑事告発を、その証言の1カ月近く前から開始していました。

当時、薗浦元議員らを略式起訴した特捜部は、私の刑事告発した事件が裏金事件になるとの予感を抱いていたのかもしれません。その真実が明らかにされる日が将来、来るのでしょうか？

◆24年やっと裏金告発へ！

話を戻しましょう。前述したように昨年12月以降裏金報道がなされたわけですが、それらの報道があっても、すぐには裏金事件を刑事告発できませんでした。各年の裏金金額は、まだわからなかったからです。それがわかるようになったのは、今年に入ってからでした。

池田佳隆議員の資金管理団体「池田黎明会」は昨年12月8日に20年分〜22年分の各収支報告書を訂正して不記載を〝自白〟したので、3年分のキックバックによる寄附収入の正確な金額も判明していましたが、今年1月8日付「朝日新聞」が18年と19年の合計金額（1618万円）を含め計4826万円だったと報道したので、私は池田議員らと「清和政策研究会」側をキックバックの不記載罪（規正法違反）で東京地検に刑事告発できたのです。これが裏金事件の初告発でした。

もっとも、この刑事告発の時、大分時間をかけて思案したことがあります。それは、キックバックを受けたのが池田議員個人なのか、それとも、池田議員の資金管理団体なのか、という点です。

実は、自民党の派閥の政治資金規正法違反問題について、2023年12月21日に立憲民主党の国対ヒアリングがあり、神戸からオンラインで講演した際に私は、「派閥の政治団体のキックバックは議員の選挙区支部でも資金管理団体でもなく議員個人になされ、それは政治資金規正法が禁止する「公職の候補者」への寄附（本書第2部参照）だから、それを隠蔽するために、派閥の政治団体もそのキックバックを収支報告書に記載せず政治資金規正法違反を犯した」との見方を説明したのです。

一方、報道機関の報道を見ると、キックバックを受けたのは議員個人ではなく政治団体であるというのです。おそらく東京地検特捜部の事実認定を前提にした報道でしょう。

それゆえ、私は、どちらの事実で刑事告発するのか、思案しました。東京地検特捜部は「全国から経験豊富な検事らを招集して、検事と事務官あわせて100人規模に拡充する捜査態勢を組んでいる」と昨年12月に報道されていました（「安倍派議員に聴取要請　〝100人規模〟異例の捜査態勢　東京地検特捜部が近く強制捜査に乗り出す方針　焦点は収支報告書の『了承』」FNNプライムオンライン2023年12月15日午前10時30分）。それゆえ、東京地検特捜部の事実認定を全く無視するわけにはいかないので、当初、私の見立てだけで告発事実を書くわけにはいかないと判断し、両方の事実で告発状案をいったん書いていたのです。

しかし、更に思案した結果、東京地検特捜部の捜査に水を差すことなく、むしろ追い風になればと

キックバック先は本当に議員の政治団体か？

自民党の2派閥の各政治団体側が認め、東京地検特捜部が認定した事実	私の元々の見立て
キックバック・中抜きの寄附を受けたのは**議員の資金管理団体又は選挙区支部**	**議員個人**への政治資金規正法違反の寄付。だから派閥の各政治団体は各政治資金収支報告書に記載しなかった！（議員の選挙区支部・資金管理団体はそもそも各政治資金収支報告書に記載する必要がないので記載しなかった）
派閥の政治団体と**議員の資金管理団体等**の各政治資金規正法違反の政治資金不記載・虚偽記入罪（公訴時効5年）	**派閥の政治団体**の違法寄付供与罪と**議員**の違法寄附受領罪（政治資金規正法違反。公訴時効3年） **派閥の政治団体**の政治資金規正法違反の政治資金不記載・虚偽記入罪（公訴時効5年）
議員が政治団体等の会計責任者の責任にすれば議員の共謀の立証が難しくなる	政治活動に使っていない残金は議員の「**雑所得**」で課税対象になるのではないか（確定申告しなければ**脱税**）。

思い、確実に受理されることを優先しました。資金管理団体「池田黎明会」の収支報告書の訂正及び報道の通り、キックバックを受けていたのは「池田黎明会」だったとの事実に絞って刑事告発したのです。

そのうえで、「清和政策研究会」が所属国会議員にキックバックしたことについては、会計責任者と事務担当者は事務総長に報告したと報道されていましたので、この池田議員の裏金告発においても歴代事務総長を告発しました。また、22年7月の安倍晋三会長の死去で、その後「清和政策研究会」は、塩谷立・会長代理、下村博文・会長代理、世耕弘成・参議院安倍派会長、高木毅・副会長、西村康稔・事務総長、松野博一・官房長官、萩生田光一・経済産業大臣の7名による世話人会による集団指導体制が採られていたと報道されたので、2022年分についてはこの7名も告発しました。

2020年から2022年の直近3年分の政治資金収支報告書の訂正日

政治団体	池田黎明会	平成研究会	宏池政策研究会	志帥会	清和政策研究会
訂正日	23年12月8日	24年1月17日	24年1月18日	24年1月18日	24年1月31日

さらに世話人会という集団指導体制については森喜朗・元会長の意向が反映されたものであり、世話人会の幹部と面会していると報道されたので、森喜朗・元会長も告発したのです。「清和政策研究会」は22年、キックバックを一度は取りやめる方針を決めたものの、所属議員からの反発を受けて撤回していて、方針を撤回する前に、複数の幹部が集まって協議していたとみられると報道されていたからです。

池田議員の「池田黎明会」は以上のキックバックによる寄附収入の不記載とは別に、2021年と2022年にそれぞれ開催した政治資金パーティーにつき、その総収入を2021年は483万円過少に、2022年は612万円過少に、それぞれ収支報告書に記載して裏金をつくっていたことが各収支報告書の訂正で確認できたので、この各虚偽記入についても政治資金規正法違反容疑で1月28日に東京地検に刑事告発しておきました。

◆各派閥の政治団体の裏金が判明

二階派などの派閥の政治団体の側の刑事告発が可能になったのは、2020年から2022年の直近3年分の収支報告書が今年1月17日と18日に訂正され、裏金プールの有無とその金額、キックバック・中抜きによる寄附金供与額が判明したからです。

訂正された収支報告書で確認したところ、安倍派「清和政策研究会」は毎年政治資

政治団体	年	不記載のキックバック・中抜き		告発日
清和政策研究会	19年まで 2020年 2021年 2022年	**1618万円** **1378万円** **1330万円** **500万円**	**「池田黎明会」（池田佳隆衆議院議員）** 後述の「清和政策研究会」のキックバック等の金額には池田議員分を含む	2024年 1月9日

「清和政策研究会」側の共謀者（故人を除き被告発人）

年分	共謀者
2018年分	細田博之・会長（故人）、下村博文・事務総長、M代表者兼会計責任者、I事務担当者
2019年分	細田博之・会長（故人）、松野博一・事務総長、M代表者兼会計責任者、I事務担当者
2020年分	細田博之・会長（故人）、松野博一・事務総長、M代表者兼会計責任者、I事務担当者
2021年分	安倍晋三・会長（故人）、西村康稔・事務総長、M代表者兼会計責任者、I事務担当者
2022年分	森喜朗・元会長、塩谷立・会長代行、下村博文・会長代行、高木毅・事務総長、西村康稔・前事務総長、世耕弘成・参議院幹事長、松野博一・官房長官、M代表者兼会計責任者、I事務担当者

「池田黎明会」の政治資金パーティー収入の過少記載

年分	当初のパーティー収入記載額	訂正後のパーティー収入額	過少記載分（裏金）	告発日
2021年分	1518万円	2001万円	483万円	2024年 1月28日
2022年分	1316万円	1928万円	612万円	

金パーティー収入総額を1億円超（2020年は1億6121万円、2021年は1億7175万円）も過少に記載し、そのほとんどを所属議員に対しキックバックにより又は中抜きを容認して寄附し、多額ではありませんが裏金プールもしていたのです。

一方、二階派「志帥会」は毎年1億3000万円超～1億5000万円弱の裏金プールをし、7名の国会議員側だけにキックバック・中抜きによる寄附をしていました。

また、竹下・茂木派「平成研究会」は280万円の裏金プール、岸田派「宏池政策研究会」は約2500万円の裏金プールをしていたのです。

私は、以上の収支報告書の訂正で3年分の裏金の金額を確認できたので、すぐに、二階派「志帥会」の各年の1億3000万円超～1億5000万円弱の裏金プールと1000万円弱～3000万円のキックバック、竹下・茂木派「平成研究会」の280万円の裏金プール、岸田派「宏池政策研究会」の2501万円の裏金プールを、それぞれ1月中に東京地検に刑事告発し、そのうち二階派「志帥会」については、キックバックによる裏金寄附も受領した議員側の裏金処理も併せて刑事告発しました。

なお、二階派「志帥会」の2019年におけるキックバックによる寄附を受領していた議員らの刑事告発は、後述するように自民党の裏金アンケート結果の公表が2月でしたので、その後の5月に行ないました。

収支報告書訂正により判明した政治資金パーティー総収入の過少記載（裏金づくり）等2020年

政治団体	当初の収入額	訂正後の収入額	差額	キックバック	裏金プール
清和政策研究会	1億0262万円	2億6383万円	**1億6121万円**	**1億5877万円**	**319万円**
志帥会	2億2767万円	3億2047万円	**9280万円**	**2424万円**	**1億4118万円**
平成研究会	1億8146万円				
志公会	2億1706万円				
宏池政策研究会	1億5533万円	1億6429万円	**896万円**		**2501万円**

※「宏池政策研究会」はその2020年分収支報告書の訂正を見ると、2019年までに1605万円の裏金プールがあることが判明

2021年

政治団体	当初の収入額	訂正後の収入額	差額	キックバック	裏金プール
清和政策研究会	1億0002万円	2億7187万円	**1億7185万円**	**1億6095万円**	**1409万円**
志帥会	2億7803万円	2億9773万円	**1970万円**	**3045万円**	**1億3244万円**
平成研究会	1億9269万円	1億9271万円	**2万円**		**2万円**
志公会	2億1938万円				
宏池政策研究会	1億4967万円				**2501万円**

2022年

政治団体	当初の収入額	訂正後の収入額	差額	キックバック	裏金プール
清和政策研究会	9480万円	1億9762万円	**1億0282万円**	**1億1770万円**	**839万円**
志帥会	1億8845万円	2億1209万円	**2364万円**	**964万円**	**1億4837万円**
平成研究会	1億8142万円	1億8420万円	**278万円**		**280万円**
志公会	2億3511万円				
宏池政策研究会	1億8329万円				**2501万円**

4派閥政治資金パーティー総売上額・繰越額収支報告書過少記載事件（裏金プール事件）

政治団体	年	パーティー収入 過少記載額	不記載の繰越 （裏金プール）額	告発状発送日
平成 研究会	2021年 2022年	2万0000円 278万0000円	2万0000円 **280万0000円**	2024年1月28日
宏池政策 研究会	19年まで 2020年 2021年 2022年	1605万0000円 896万0000円	1605万0000円 2501万0000円 2501万0000円 **2501万0000円**	2024年1月28日
志帥会	2020年 2021年 2022年	9280万0000円 1970万2417円 2363万8692円	1億4118万2445円 1億3244万4862円 **1億4837万3554円**	2024年1月21日
清和政策 研究会	2020年 2021年 2022年	**1億6121万0000円** **1億7185万0000円** **1億0282万0000円**	319万0212円 1409万0212円 839万0212円	今後告発する予定

2派閥の政治資金パーティー販売ノルマ超過分キックバック等授受各不記載事件

政治団体	年	**不記載のキックバック・中抜き**		**告発日**
志帥会	2020年	**2424万円**	6政治団体 （二階俊博、林幹雄、武田良太、平沢勝栄、福井照、宮内秀樹）	2024年 1月21日
	2021年	**3045万円**	6政治団体 （二階俊博、林幹雄、武田良太、平沢勝栄、福井照、宮内秀樹）	
	2022年	**964万円**	5政治団体 （二階俊博、林幹雄、武田良太、宮内秀樹、衛藤晟一）	
清和政策 研究会	2020年	**1億5877万円**	少なくとも83政治団体	順次告発予定 （一部告発済・後掲）
	2021年	**1億6095万円**	少なくとも69政治団体	
	2022年	**1億0770万円**	67政治団体	
「志帥会	2019年	**1545万円**	5政治団体 （二階俊博、林幹雄、武田良太、平沢勝栄、宮内秀樹）	2024年 5月15日

2024年1月19日処分（裏金プール事件・キックバック授受各不記載事件）

処分	被　疑　者
在宅起訴	「清和政策研究会」代表者兼会計責任者、「志帥会」代表者兼会計責任者、**大野泰正参議院議員**、同議員秘書
略式起訴	「宏池政策研究会」代表者兼会計責任者、**谷川彌一衆議院議員**、同議員秘書、二階俊博衆議院議員秘書
不起訴	5派閥の政治団体の政治資金パーティー20万円超収入明細不記載の被告発人全員（2024年1月21日告発分を除く）

2024年1月26日処分（キックバック授受各不記載事件）

処分	被告発人
在宅起訴	**池田佳隆衆議院議員**、同議員政策秘書
不起訴	森喜朗、塩谷立・会長代行、下村博文・会長代行、高木毅・事務総長、西村康稔・前事務総長、世耕弘成・参議院幹事長、松野博一（以上、嫌疑なし）、M代表者兼会計責任者（**起訴済み**）、I事務担当者（**起訴猶予**）

◆東京地検特捜部の1月19日、26日の各処分

東京地検特捜部は、今年1月に裏金事件を処分しました。報道によると、1月19日、「清和政策研究会」代表者兼会計責任者（5年間の虚偽記入額は6億7503万円）、「志帥会」代表者兼会計責任者（同じく2億6460万円）、大野泰正参議院議員（キックバック額は5154万円）、同議員秘書を在宅起訴し、「宏池政策研究会」代表者兼会計責任者（3年間の虚偽記入額は3059万円）、谷川弥一衆議院議員（キックバック額は4355万円）、同議員秘書、二階俊博衆議院議員秘書（中抜き額は3526万円）を略式起訴したというのです。

一方、私が2022年11月から2023年12月末にかけて刑事告発した20万円超政治資金パーティー収入明細不記載については、全員不起訴にしたのです（「安倍派・二階派の会計責任者 岸田派の元会計責任者を立件」NHK2024年1月19日 22時04分）。

また、1月26日には、キックバック不記載を私が1月9日に刑事告発していた池田佳隆衆議院議員とその秘書については、在宅起訴したものの、キックバックをした安倍派「清和政策研究会」側については、全員不起訴にしたのです。

◆自民党のアンケート結果の2月公表

安倍派の裏金議員の一人ひとりの刑事告発は、前述の池田議員を除き、２０１８年～２０２２年における各年のキックバック・中抜きの金額が明記された自民党のアンケート結果が公表されてからです。

自民党は自民党議員に裏金・キックバックなどについてアンケートを実施し、その結果を今年2月13日に公表しました（「自民党、85人不記載・総額５・８億円　調査結果を公表」日本経済新聞２０２４年２月13日16時00分。一覧参照）。

そこで公表された裏金議員は85名ですが、政治資金規正法違反の罪で起訴された国会議員3名、すなわち、大野泰正参院議員（計５１５４万円）、池田佳隆衆院議員（計４８２６万円）、谷川弥一前衆院議員（計４３５５万円）のほか、馳浩石川県知事（計８１９万円）、長崎幸太郎山梨県知事（計１１８２万円）は含んでいませんので、これらを含めると90名になります。

自民党が依頼した弁護士による「聴き取り調査に関する報告書」は2日後の2月15日に公表されました。聞き取り調査の対象者は91名。そこでは、派閥の政治団体からキックバックを受けた寄附金について「還付金」と表現され、派閥の政治団体に渡されなかった中抜き（持ち逃げ）は「留保

自民党のアンケートで不記載があったと回答した議員ら

安は安倍派、二は二階派
※自民党の発表を基に総額順で作成

氏名	派閥	合計（万円）	不記載額 2022年	21年	20年	19年	18年
二階　俊博	二	3526	528	622	618	956	802
三ツ林裕巳	安	2954	150	642	1016	784	362
萩生田光一	安	2728	582	888	482	338	438
山谷えり子	安	2403	510	568	441	400	484
堀井　学	安	2196	0	650	436	628	482
橋本　聖子	安	2057	0	0	289	1566	202
武田　良太	二	1926	78	706	388	260	494
中根　一幸	安	1860	0	48	386	588	838
平沢　勝栄	二	1817	0	792	288	265	472
簗　和生	安	1746	60	421	443	484	338
林　幹雄	二	1608	180	486	846	48	48
杉田　水脈	安	1564	554	0	318	352	340
世耕　弘成	安	1542	0	476	360	604	102
宮本　周司	安	1482	200	402	372	292	216
宗清　皇一	安	1408	210	316	328	210	344
菅家　一郎	安	1289	0	574	104	318	293
小田原　潔	安	1240	352	134	358	302	94
衛藤征士郎	安	1070	0	620	350	100	0
松野　博一	安	1051	0	550	315	74	112
高木　毅	安	1019	110	335	420	88	66
大塚　拓	安	994	264	264	346	120	0
和田　義明	安	990	226	300	184	138	142
中山　泰秀	安	908	162	204	230	154	158
柴山　昌彦	安	896	80	130	346	256	84
堀井　巌	安	876	152	198	116	308	102
関　芳弘	安	836	82	322	120	212	100
丸川　珠代	安	822	217	195	100	304	6
羽生田　俊	安	818	296	248	90	126	58
岡田　直樹	安	774	80	228	288	94	84
吉野　正芳	安	660	110	94	210	118	128
加田　裕之	安	648	234	210	204	0	0
尾身　朝子	安	623	96	165	106	256	0
末松　信介	安	584	410	132	40	0	2
細田　健一	安	564	0	134	340	90	0
山田　宏	安	560	20	162	100	182	96
西村　明宏	安	554	106	146	302	0	0
高鳥　修一	安	544	140	148	196	0	60
下村　博文	安	476	128	188	124	36	0
根本　幸典	安	420	36	166	194	24	0
西田　昌司	安	411	40	68	126	142	35
石井　正弘	安	378	72	42	84	132	48
義家　弘介	安	369	179	98	86	4	2
若林　健太	安	368	34	72	78	80	104
亀岡　偉民	安	348	52	200	40	18	38
上野　通子	安	318	80	8	100	12	118
上杉謙太郎	安	309	240	0	46	0	23
佐藤　啓	安	306	214	2	22	32	36
森　雅子	安	282	130	0	38	114	0
鈴木　英敬	安	280	280	0	0	0	0
江島　潔	安	280	140	62	38	28	12
赤池　誠章	安	268	28	32	38	160	10
吉川　有美	安	240	74	0	166	0	0
木村　次郎	安	236	62	0	82	14	78
塩谷　立	安	234	120	0	76	14	24
青山　周平	安	230	10	26	36	118	40
今村　洋史	安	220	220	0	0	0	0
太田　房江	安	214	0	0	16	158	40
松川　るい	安	204	88	48	58	10	0
稲田　朋美	安	196	100	96	0	0	0
谷川　とむ	安	188	0	68	66	34	20
佐々木　紀	安	184	0	58	108	4	14
井上　義行	安	178	0	100	70	0	8
井原　巧	安	168	168	0	0	0	0
宮内　秀樹	二	161	98	21	26	16	0
宮沢　博行	安	132	32	42	58	0	0
北村　経夫	安	118	60	0	38	12	8
長峯　誠	安	116	28	10	40	32	6
野上浩太郎	安	100	0	4	92	4	0
西村　康稔	安	100	0	38	32	18	12
福田　達夫	安	98	18	16	60	2	2
越智　隆雄	安	84	10	0	8	28	38
衛藤　晟一	二	80	80	0	0	0	0
山田　美樹	安	76	0	10	24	18	24
小森　卓郎	安	70	70	0	0	0	0
田畑　裕明	安	68	0	26	18	0	24
鈴木　淳司	安	60	0	22	30	8	0
山本　順三	安	58	0	2	34	0	22
酒井　庸行	安	58	0	2	2	54	0
加納陽之助	安	40	40	0	0	0	0
石田　昌宏	安	26	26	0	0	0	0
高橋はるみ	安	22	0	0	22	0	0
藤原　崇	安	14	10	0	0	4	0
宮下　一郎	安	12	0	12	0	0	0
加藤　竜祥	安	10	10	0	0	0	0
山崎　正昭	安	4	0	0	4	0	0

出所：共同通信「不記載があった議員ら 自民85人収支報告書不記載」

金」と表現されていました。２０１８年～２０２２年のキックバックや中抜きの金額の総額は85人で5億７９４９万円。

◆3月から裏金議員らの告発開始

私は、以上の結果によりキックバックを受けた各議員らを順次刑事告発することにしました。具体的には、議員の選挙区支部または資金管理団体の各収支報告書について訂正前と訂正後を入手して、3月以降、ほぼ裏金金額の多い順に刑事告発し始めたのです（一覧を参照）。ただし、今村洋史・元衆議院議員については、そもそも収支報告書を提出していなかったので、収支報告書不提出罪で名古屋地検に刑事告発をしました。その他の議員については、すべて東京地検に告発しました。

また、そのうち、キックバックを受けたのが、私の当初の見立て通り、議員本人と受け取れる説明をしていた者や収支報告書の訂正の仕方がそう受け取れる者については、政治資金規正法が禁止している「公職の候補者」への寄附だったとして刑事告発しました。その際に、当該議員の選挙区支部または資金管理団体に寄附していたとして「清和政策研究会」が訂正したこと、当該議員の選挙区支部または資金管理団体がキックバックを受けていたと収支報告書を訂正したことが、政治資金規正法違反の虚偽記入罪に該当するとしても合わせて刑事告発したのです。それらの議員とは、丸川珠代参議院議員、菅家一郎衆議院議員、簗和生衆議院議員、小田原潔衆議院議員です。丸川珠代議員は自分の金融機関口座で中抜きの裏金を管理していたと説明し、他の議員らは、キックバックされた裏金を自らの寄附に含めて記載していたと説明又は収支報告書の訂正を行なっていたのです。

それらの議員のうち、丸川珠代議員、菅家一郎議員、簗和生議員については、元検察官の郷原信郎弁護士と一緒に刑事告発し、そのうち、菅家一郎議員、簗和生議員については、後述するように「嫌疑なし」で不起訴にしたので、私はひとりで、キックバクを受けたのは選挙区支部だったとして両議員らを改めて刑事告発したのです。

小田原潔議員については、両方の可能性があるとして、同議員個人への寄附の場合と選挙区支部への寄附の場合に分けて私ひとりで刑事告発しました。

他の大勢の国会議員らについては、収支報告書の訂正通り刑事告発しました。つまり、訂正は〝自白〟だとして訂正が真実の収支だとみなし、訂正前の不記載や虚偽記入が政治資金規正法違反だとして告発したのです。もちろん、私は訂正が全て真実だと思っていません。例えば、全額使わずに翌年に繰り越している政党支部または資金管理団体が結構多数ありますが、裏金ですから、おそらく違法または不適切な支出をしていたはずです。あるいは議員のポケットマネーにして確定申告もせずに脱税していたはずです。とはいえ、それらの証拠がないので、訂正通りの事実を真実だったとして告発するしかないのです。

世耕弘成参議院議員の場合、政治資金規正法違反だけではなく、公選法違反（選挙区内の者への寄附供与罪）でも刑事告発しました。この公選法違反は、地元和歌山県内の会社役員に入手が困難なクッ

「清和政策研究会」のキックバック・中抜き等受領不記載等の告発（池田佳隆以外）

被告発人	犯罪名等	告発状送付日
今村洋史ら 3名	「黎明の会」**収支報告書不提出罪**（政治資金規正法違反）	24年3月11日
世耕弘成ら 3名	「紀成会」領収書不提出・収支報告書不記載・虚偽記入罪（政治資金規正法違反）、**クッキー缶違法寄附（公職選挙法違反）**	24年3月15日
萩生田光一ら 4名	「自由民主党東京都第二十四選挙区支部」領収書不提出・収支報告書不記載・虚偽記入罪（政治資金規正法違反）	24年3月22日
三ツ林裕巳ら 3名	「新日本情勢調査会」領収書不提出・収支報告書不記載・虚偽記入罪（政治資金規正法違反）	24年3月25日
丸川珠代ら （「清和政策研究会」側も）	**中抜き違法寄附供与・受領罪**（政治資金規正法違反） 派閥側の収支報告書不記載罪（同） 派閥側の訂正＝収支報告書虚偽記入罪（同） 「自由民主党東京都参議院選挙区第4支部」の訂正＝収支報告書虚偽記入罪（政治資金規正法違反）	24年3月28日 24年4月11日
山谷えり子ら 3名	「21世紀の会」領収書不提出・収支報告書不記載・虚偽記入罪（政治資金規正法違反）	24年4月15日
杉田水脈ら 5名	「杉田水脈　なでしこの会」領収書不提出・収支報告書不記載・虚偽記入罪（政治資金規正法違反）	24年4月21日
堀井学ら 4名	「ともに歩き学ぶ会」領収書不提出・収支報告書不記載・虚偽記入罪（政治資金規正法違反）	24年5月1日
菅家一郎ら （「清和政策研究会」側も）	キックバック違法寄附供与・受領罪（政治資金規正法違反） 派閥側の収支報告書不記載罪（同） 派閥側の訂正＝収支報告書虚偽記入罪（同） 「自由民主党福島県第四選挙区支部」の訂正＝収支報告書虚偽記入罪（同）	24年5月20日
橋本聖子ら 3名	「自由民主党北海道参議院比例区第八十三支部」収支報告書不記載・虚偽記入罪（政治資金規正法違反） 「ジャパニーズドリーム」収支報告書虚偽記入罪（同）	24年6月2日
高木毅ら 2名	「21世紀政策研究会」領収書不提出・収支報告書不記載・虚偽記入罪（政治資金規正法違反）	24年6月10日
松野博一ら 3名	「松風会」領収書不提出・収支報告書不記載・虚偽記入罪（政治資金規正法違反）	24年6月17日
中根一幸ら 4名	「一幸会」領収書不提出・収支報告書不記載・虚偽記入罪（政治資金規正法違反）	24年6月17日
宮本周司ら 3名	「自由民主党石川県参議院選挙区第三支部」（名称変更前「自由民主党石川県参議院比例区第二十七支部」）収支報告書不記載・虚偽記入罪（政治資金規正法違反）	24年6月24日

簗和生ら （「清和政策研究会」側も）	キックバック違法寄附供与・受領罪（政治資金規正法違反） 派閥側の収支報告書不記載罪（同） 派閥側の訂正＝収支報告書虚偽記入罪（同） 「自由民主党栃木県第三選挙区支部」の訂正＝収支報告書虚偽記入罪（同）	24年6月24日
宗清皇一ら 5名	「未来予想図研究会」収支報告書不記載・虚偽記入罪（政治資金規正法違反）	24年7月1日
衛藤征士郎ら 3名	「新21世紀政治経済研究所」収支報告書不記載・虚偽記入罪（政治資金規正法違反）	24年7月9日
大塚拓ら 3名	「世界システム研究所」「自由民主党埼玉県第九選挙区支部」収支報告書不記載・虚偽記入罪（政治資金規正法違反）	24年7月15日
和田義明ら 2名	「信和会」収支報告書不記載・虚偽記入罪（政治資金規正法違反）	24年7月16日
柴山昌彦ら 3名	「自由民主党埼玉県第八選挙区支部」収支報告書不記載・虚偽記入罪（政治資金規正法違反）	24年7月16日
堀井巌ら 4名	「自由民主党奈良県参議院選挙区第一支部」収支報告書不記載・虚偽記入罪（政治資金規正法違反）	24年7月16日
羽生田俊ら 2名	「俊翔会」領収書不提出・収支報告書不記載・虚偽記入罪（政治資金規正法違反）	24年7月22日
中山泰秀ら 3名	「中山泰秀後援会」領収書不提出罪・収支報告書不記載・虚偽記入罪（政治資金規正法違反）	24年7月25日
小田原潔ら （「清和政策研究会」側も）	キックバック違法寄附供与・受領罪（政治資金規正法違反） 派閥側の収支報告書不記載罪（同） 派閥側の訂正＝収支報告書虚偽記入罪（同） 「自由民主党東京都第二十一選挙区支部」の訂正＝収支報告書虚偽記入罪（同）	24年7月29日
小田原潔ら 3名	「自由民主党東京都第二十一選挙区支部」収支報告書不記載・虚偽記入罪（政治資金規正法違反）	24年8月9日
馳浩ら 3名	「自由民主党石川県第一選挙区支部」「自由民主党石川県衆議院支部」収支報告書不記載・虚偽記入罪（政治資金規正法違反）	24年8月2日
関芳弘ら 4名	「自由民主党兵庫県第三選挙区支部」収支報告書不記載・虚偽記入罪（政治資金規正法違反）	24年8月7日
菅家一郎ら 3名	「自由民主党福島県第四選挙区支部」領収書不提出罪・収支報告書不記載・虚偽記入罪（政治資金規正法違反）	24年8月20日
簗和生ら 3名	「自由民主党栃木県第三選挙区支部」領収書不提出罪・収支報告書不記載・虚偽記入罪（政治資金規正法違反）	24年8月20日

※今村氏は名古屋地検に、他は東京地検に告発。

※丸川、菅家、簗の各議員は元検事の郷原弁護士と一緒に東京地検に告発。そのうち、菅家、簗の両議員は不起訴になったので、私ひとりで改めて告発

キー缶を無償供与していたという「しんぶん赤旗日曜版」（2024年3月10日・17日合併号）がスクープ報道した事実に基づくものです。

◆議員辞職なき自民党の裏金議員処分（4月4日）

裏金問題で自民党は4月4日午後、党本部で党紀委員会を開き、安倍派と二階派の議員ら39人の処分を決定しました（「【処分一覧】自民党 39人処分決定 塩谷氏 世耕氏「離党勧告」」ＮＨＫ2024年4月4日21時36分）。報道によると、処分は以下の通りでした。

安倍派「清和政策研究会」でキックバックの扱いを協議した幹部4人のうち、派閥の座長を務めた塩谷立・元文部科学大臣と、参議院側のトップだった世耕弘成・前参議院幹事長が離党勧告で、下村博文・元政務調査会長と西村康稔・前経済産業大臣は1年間の党員資格停止。

安倍派「清和政策研究会」で事務総長を務めた高木毅・前国会対策委員長は半年間の党員資格停止で、同じく事務総長経験者の松野博一・前官房長官と、二階派「志帥会」で事務総長を務めるなどした武田良太・元総務大臣、林幹雄・元経済産業大臣、平沢勝栄・元復興大臣は1年間の党の役職停止。

萩生田光一・前政務調査会長ら5年間の不記載などの額が2000万円以上だった議員も1年間の党の役職停止。

不記載などの額が1000万円から2000万円の議員は半年間の党の役職停止で、500万円から1000万円の議員らは戒告。

自民党の裏金議員39人の処分（2024年4月4日）

処分内容	議員名	5年間裏額	選出選挙区
離党の勧告	**塩谷立**		衆議院比例代表東海ブロック
	世耕弘成	1542万円	参議院和歌山選挙区
1年間の「党員資格の停止」	**下村博文**	476万円	衆議院東京11区
	西村康稔	100万円	衆議院兵庫9区
半年間の「党員資格の停止」	**高木毅**	1019万円	衆議院福井2区
1年間の「党の役職停止」	**萩生田光一**	2728万円	衆議院東京24区
	堀井学	2196万円	衆議院比例代表北海道ブロック
	松野博一	1051万円	衆議院千葉3区
	三ツ林裕己	2954万円	衆議院埼玉14区
	橋本聖子	2057万円	参議院比例代表
	山谷えり子	2403万円	参議院比例代表
	武田良太	1926万円	衆議院福岡11区
	林幹雄	1608万円	衆議院千葉10区
	平沢勝栄	1817万円	衆議院東京17区
半年間の「党の役職停止」	**衛藤征士郎**	1070万円	衆議院大分2区
	小田原潔	1240万円	衆議院東京21区
	菅家一郎	1289万円	衆議院比例代表東北ブロック
	杉田水脈	1564万円	衆議院比例代表中国ブロック
	中根一幸	1860万円	衆議院比例代表北関東ブロック
	宗清皇一	1408万円	衆議院比例代表近畿ブロック
	簗和生	1746万円	衆議院栃木3区
	宮本周司	1482万円	参議院石川選挙区
戒告	**大塚拓**	994万円	衆議院埼玉9区
	尾身朝子	623万円	衆議院比例代表北関東ブロック
	柴山昌彦	896万円	衆議院埼玉8区
	関芳弘	836万円	衆議院兵庫3区
	高鳥修一	544万円	衆議院比例代表北陸信越ブロック
	西村明宏	554万円	衆議院宮城3区
	細田健一	564万円	衆議院新潟2区
	吉野正芳	660万円	衆議院福島5区
	和田義明	990万円	衆議院北海道5区
	岡田直樹	774万円	参議院石川選挙区
	加田裕之	648万円	参議院兵庫選挙区
	末松信介	584万円	参議院兵庫選挙区
	羽生田俊	818万円	参議院比例代表
	堀井巌	876万円	参議院奈良選挙区
	丸川珠代	822万円	参議院東京選挙区
	山田宏	560万円	参議院比例代表
	中山泰秀	908万円	次の衆議院選挙の立候補予定者

5年間の不記載が3526万円と最も多かった二階俊博・元幹事長は次の衆議院選挙に立候補しない考えを表明したことを踏まえ、処分の対象とはされず。

また、岸田総理大臣は、みずからが会長を務めていた岸田派「宏池政策研究会」の元会計責任者が有罪となりましたが、処分されず。

出席者から「処分が厳しすぎるのではないか」といった意見さえも出されたそうですが、除名処分はなかったうえに、裏金を理由に議員辞職した者もいませんでした。

処分の決定を受けて世耕議員は同日に離党届を提出し受理されました。一方、塩谷議員は処分を不服として再審査を請求しましたが、党総務会は請求を却下したため、同月23日、党本部に離党届を提出し受理されました（「塩谷立・元文科相が離党…政治資金巡る問題で離党勧告処分、『党としての決定なので従う』」読売新聞2024年4月23日20時17分）。

◆東京地検の5月、7月、8月の不起訴処分と検察審査会への審査申立て

東京地検特捜部は、以上の私の刑事告発のうち、2018年分も刑事告発していた世耕弘成参議院議員と萩生田光一衆議院議員らを5月2日に不起訴処分にしました。そのうち、世耕議員の資金管理団体の会計責任者と萩生田光一議員の秘書の不起訴理由は、報道によると、「起訴猶予」でした。「被疑者が犯罪を犯したことが証拠上明白」であるのに、検察が「訴追を必要としないとき」に「公訴を提起しない」ことを指しています（刑事訴訟法第248条）。

2024年5月2日不起訴処分（キックバック授受各不記載事件）

被告発人（不起訴理由）	東京検察審査会へ審査申立
世耕議員の資金管理団体の会計責任者（**起訴猶予**）、世耕議員ら（**嫌疑不十分**）	24年5月15日
萩生田光一議員の秘書（**起訴猶予**）、萩生田議員ら（**嫌疑不十分**）	24年5月22日

そこで私は「起訴相当」議決を求めて東京検察審査会に審査申立てをしたのです。

東京地検特捜部は、7月8日に、私が1月に刑事告発していた「池田黎明会」の政治資金パーティー裏金事件につき不起訴処分にしていましたが、その不起訴理由は「起訴済み」でした。これは、前述したキックバック裏金事件で1月26日に起訴した際に、「池田黎明会」の政治資金パーティー裏金事件についても起訴しておいたということなのでしょう。

また、東京地検特捜部は同日、1月に刑事告発していた竹下・茂木派「平成研究会」、岸田派「宏池政策研究会」の裏金プール事件と、私が1月と5月に刑事告発していた二階派「志帥会」の裏金プール事件及びキックバク裏金事件をいずれも不起訴処分したのです。

また、私が4月に刑事告発していた山谷えり子議員と杉田水脈議員らも不起訴処分にしたのです。

なお、私以外の方が刑事告発して不起訴になったものがありました。それは、大塚拓衆議院議員らでした。私は、その刑事告発がどのようなものか知りませんので、刑事告発しておきました。

私が告発し不起訴になったものについては、できるだけ早く東京検察審査会に

2024年7月8日不起訴処分…不起訴理由告知書及び記者情報

被告発人（不起訴理由）	東京検察審査会申立
池田佳隆：「池田黎明会」代表者（**起訴済み**）、「池田黎明会」会計責任者・議員政策秘書（**起訴済み**）	—
茂木敏充：「平成研究会」会長（当時は会長代理）（嫌疑なし）、新藤義孝：同事務総長（嫌疑なし）、同会計責任者（嫌疑不十分）、同事務担当者（嫌疑不十分）	
「宏池政策研究会」代表者兼会計責任者（**起訴済み**）、岸田文雄：同会長（嫌疑なし）、根本匠：同事務総長（嫌疑なし）、同事務担当者（2020年）（**起訴猶予**）、同代表者兼会計責任者（2021年、2022年）（嫌疑不十分）、同事務担当者（2021年、2022年）（嫌疑不十分）	
「志帥会」代表者兼会計責任者（**起訴済**）、二階俊博：同会長（嫌疑なし）、山口壮：同事務総長（2020年）（嫌疑なし）、武田良太：同事務総長（2021年、2022年）（嫌疑なし）、平沢勝栄：同事務総長（嫌疑なし）、同事務担当者（**起訴猶予**）	
二階俊博:「新政経研究会」代表者（**嫌疑不十分**）、同会計責任者（**嫌疑不十分**）	
武田良太：「武田良太政経研究会」代表者（嫌疑不十分）、同会計責任者兼事務担当者（**起訴猶予**）	2024年9月27日
林幹雄：「大樹会」代表者（嫌疑不十分）、同会計責任者兼事務担当者（**起訴猶予**）	2024年9月9日
平沢勝栄：「勝栄会」代表者（嫌疑不十分）、同会計責任者（嫌疑不十分）、同事務担当者（**起訴猶予**）	
福井照（元衆院議員）:「くにのかたち基本政策研究会」代表者（嫌疑不十分）、同会計責任者兼事務担当者（**起訴猶予**）	
宮内秀樹：「秀明会」代表者（嫌疑不十分）、同会計責任者（嫌疑不十分）、氏名不詳：秘書（**起訴猶予**）	
衛藤晟一：「新世紀政策研究会」代表者（嫌疑不十分）、同会計責任者（**嫌疑不十分**）	
三ツ林裕巳：「新日本情勢調査会」代表者（嫌疑不十分）、会計責任者（嫌疑不十分）、事務担当者（死亡）	
山谷えり子:「21世紀の会」代表者（嫌疑不十分）、同会計責任者（嫌疑不十分）、同事務担当者（**起訴猶予**）	2024年8月19日
杉田水脈:「杉田水脈なでしこの会」代表者（嫌疑不十分）、同会計責任者（2021年まで）（嫌疑不十分）、同会計責任者（2022年）（嫌疑不十分）、同事務担当者（嫌疑不十分）、同事務担当者（嫌疑不十分）、氏名不詳:秘書（**起訴猶予**）	2024年8月26日
大塚拓：「世界システム研究会」「自由民主党埼玉県第九選挙区支部」代表者（嫌疑不十分）、同・同事務担当者（**起訴猶予**）、「自由民主党埼玉県第九選挙区支部」会計責任者（被疑者死亡）	

2024年８月６日不起訴処分

菅家一郎ら（「清和政策研究会」側）	……被告発人全員「嫌疑なし」
簗和生ら（「清和政策研究会」側も）	……被告発人全員「嫌疑なし」

「起訴相当」議決を求めて審査申立てする予定です。すでに幾つか申立てしました（一覧参照）。

私が郷原信郎弁護士と一緒に行なった刑事告発のうち、議員本人が違法寄附を受けたとして刑事告発していた菅家一郎議員と簗和生議員について東京地検特捜部は、８月６日に「嫌疑なし」として不起訴にしたと報道されたので、私は前述したようにひとりで、選挙区支部がキックバックを受けたとして改めて刑事告発しておきました。

◆東京地検特捜部が堀井学議員らを略式起訴

安倍派の堀井学衆議院議員（比例北海道）は、前述したように、２０２３年12月に内閣府副大臣を辞任し、24年４月、１年間の党の役職停止処分を受け、私は翌５月１日に政治資金規正法違反容疑で裏金事件を刑事告発しておきました。

同議員は翌６月25日、札幌市内で記者会見し、次期衆院選に立候補しない考えを正式表明しました（「堀井学氏、次期衆院選不出馬　会見で正式表明」北海道新聞２０２４年６月25日17時46分）。

東京地検特捜部は、堀井議員の選挙区内で、自身の名を記した香典を有権者に対して秘書らに繰り返し持参させていた疑いがあるとして７月18日、東京・永田町の衆議院第二議員会館にある堀井事務所や東京都港区の議員宿舎、北海道登別市の地元事務所に公職選挙法違反容疑で家宅捜索に入った（「自民・堀井学衆院議員の事務所捜索　東京地検特捜部　香典違法配布か」毎日新聞２０２４年7月18日10時55分）ので、同議員は自民党に離党届を提出し、同党は受理しました（「堀井学衆院議員の離党届、自民が受理…公選法違反容疑などで東京地検特捜部が捜索」読売新聞２０２４年7月18日13時06分）。

同議員は、東京地検特捜による捜査を受けたので、事件の責任をとって8月28日午後、議員辞職願を衆議院に提出し、額賀議長が辞職を許可しました（「堀井学衆院議員が辞職 選挙区内で違法寄付疑いで捜査受ける」ＮＨＫ２０２４年8月28日20時47分）。堀井元議員は東京地検特捜部の任意の事情聴取に対し容疑を認めたようで、東京地検特捜部は翌29日、選挙区内で違法に香典を配布し、パーティー券収入のキックバック（還流）を政治資金収支報告書に記載しなかったとして、公職選挙法（寄付の禁止）違反と政治資金規正法違反（虚偽記載）で堀井学元衆院議員を略式起訴しました（「堀井学元衆院議員を略式起訴 公選法違反などで 東京地検特捜部」毎日新聞２０２４年8月29日）。

起訴された国会議員は、直前に辞職した堀井学元議員を含め４人だけです。世耕弘成参議院議員の場合は、同じく政治資金規正法違反と公選法違反の容疑でしたが不起訴であり、その理由は「起訴相当」ではなく「嫌疑不十分」でした。二つの容疑のうち、公選法違反の方について世耕議員は入手困難なクッキー缶を地元の会社役員に無償で提供していたことを認めていましたし、その会社役員も自らのブログで無償提供を受けたことを認めていたのに「嫌疑不十分」というのは納得できません。東京地検特捜部は世耕議員の捜査において堀井学元議員のようには捜査を尽くさなかったのではないか、否、それどころか手心を加えて「起訴」または「起訴猶予」にしなかったのではないかとさえ思えてなりません。

この点は、世耕議員以外ですでに不起訴になった議員についても同じです。

東京地検特捜部の2024年8月29日の処分

処分	被告発人（不起訴の場合の理由）	東京検察審査会申立
略式起訴	**堀井学**。ただし、会計責任者らは不起訴	
不起訴	**丸川珠代**ら（嫌疑なし）	2024年10月11日
不起訴	**小田原潔**：「自由民主党東京都第二十一選挙区支部」代表者（**嫌疑不十分**）、同会計責任者（**嫌疑不十分**）、同事務担当者（**起訴猶予**）	2024年9月30日
不起訴	**大塚拓**：「世界システム研究所」代表者兼会計責任者（2019年分、2020年分）・「自由民主党埼玉県第九選挙区支部」代表者（2021年分、2022年分）（**嫌疑不十分**）、「世界システム研究所」事務担当者（2021年分、2022年分）・「自由民主党埼玉県第九選挙区支部」事務担当者(2021年分)・会計責任者兼事務担当者(2022年分)（**起訴猶予**）、同会計責任者（2021年分）（死亡）	2024年9月30日
不起訴	**橋本聖子**：「自由民主党北海道参議院比例区第八十三支部」代表者・「ジャパニーズドリーム」代表者兼会計責任者（**嫌疑不十分**）、「自由民主党北海道参議院比例区第八十三支部」会計責任者（**嫌疑不十分**）、「自由民主党北海道参議院比例区第八十三支部」「ジャパニーズドリーム」事務担当者（**起訴猶予**）	2024年9月30日
不起訴	**長崎幸太郎**ら	

◆8月29日不起訴処分と検察審査会審査申立て

東京地検特捜部は、8月29日に、以上の堀井学元議員起訴の他に、安倍派に所属していた衆議院議員の小田原潔氏、大塚拓氏、参議院議員の橋本聖子元オリンピック・パラリンピック担当大臣、丸川珠代元オリンピック・パラリンピック担当大臣と、当時、二階派に所属していた山梨県の長崎幸太郎知事を、いずれも不起訴にしました（「政治資金規正法違反疑いで告発の国会議員ら不起訴に　東京地検」NHK2024年8月29日21時25分）。

以上のうち、長崎幸太郎知事については、私以外の方が刑事告発されており、同人以外は、私が刑事告発していました。

3章　自民党派閥の〝裏金〟事件の悪質性

◆「清和政策研究会」の裏金とキックバックによる寄附額は毎年1億円超

自民党派閥の政治団体「清和政策研究会」「志帥会」「宏池政策研究会」「平成研究会」による裏金事件は、従来の政治資金規正法違反事件と共通する点もありますが、過去の事件と性格が全く違う点もあり、それが重要です。派閥という組織による主権者・国民への重大な裏切りであり、余りにも悪質すぎます。特に「清和政策研究会」や「志帥会」による裏金事件は格段に金額が多く、悪質性が高いのです。

第一に、従来の事件の多くは議員一人ひとりに関する事件でしたが、裏金事件は自民党という日本で一番衆参議員数の多い政権政党内における派閥の政治団体とそこに所属する大勢の国会議員全体が長年収支報告書に記載せず裏金にしていた事件です。

したがって、裏金事件は、組織的に国民の〝知る権利〟を侵害し、議会制民主主義に反する組織的な違法行為であり、主権者である国民を組織的に裏切る重大事件だったのです。

第二に、裏金金額の大きさです。特に「清和政策研究会」と「志帥会」はその各収支報告書に政治資金パーティー収入総額を記載していたものの、裏金事件発覚後の今年1月にその各記載を訂正しました。特に「清和政策研究会」の当初記載していた総額と訂正された総額とを比較してみると、当初記載総額よりも、記載せず裏金にしていた金額の方が多く、かつ、その裏金のほとんどが所属議員にキックバックまたは中抜きの形で寄附され議員側でも裏金にしていたのです。

具体的に紹介すると、第2章で紹介したように、例えば2020年は、「清和政策研究会」の当初収支報告書に記載されていた政治資金パーティー収入総額は1億円超であり、収支報告書の訂正により明示された当該総額は2億6300万円超でした。その差額1億6100万円超が裏金となり、そのほとんどの1億5800万円超が所属の国会議員らにキックバックまたは中抜きとして寄附され、裏金になっていたのです。2021年の裏金は1億7100万円超、2022年の裏金は1億円でした（詳細は第2章で紹介した一覧をご覧ください）。

また、「志帥会」の裏金プールされた金額は毎年1億3000万円超〜1億5000万円弱もありました（同前）。

したがって、とりわけ「清和政策研究会」と「志帥会」の裏金事件は従来の事件の多くと比べてみると、組織的に裏金がつくられており、裏金の金額も多額であり、格段に悪質な事件なのです。

留意する必要があるのは、上記の数字は3年間（2020年〜2022年）しか保存されない収支報告書の訂正によって確認されたものであり、それよりも前の裏金の金額については一般国民の誰も確認できないということです。

ただし、「清和政策研究会」「志帥会」「宏池政策研究会」の各事務方は起訴されたので、その起訴状では2019年以前の裏金の金額は確認できる可能性がありますし、また、各議員を含め個々の議員側の2018年及び2019年におけるキックバックまたは中抜きによる寄附金収入の裏金金額は第2章で紹介した自民党のアンケート結果により確認できます。

しかし、2017年以前については確認できませんので、過去に遡って調査され真相が解明されれば、裏金の金額は、現在判明している金額が何倍にも増える議員（現職、元職）があることでしょうし、すでに引退している元議員の裏金金額も判明するでしょう。他の派閥でも裏金がつくられていたことも明らかになるはずです。さらに言えば、アンケート結果もすべて真実とは限りません。

現に「しんぶん赤旗日曜版」（2024年3月3日付号）は、麻生派に所属し党のアンケートに嘘の回答をした井上信治衆議院議員の2018年キックバック456万円不記載（裏金）を紹介するとともに、2017年以前に麻生派（当時は「為公会」、後に「志公会」）も裏金がつくっていた疑惑をスクープ報道しました（2023年12月10日号も参照）。また、「毎日新聞」（2024年9月2日）も、前述したように、薗浦健太郎元衆院議員の元秘書が東京地検特捜部の調べに対し、麻生派「為公会」の政治資金パーティーの収入から2017年に380万円のキックバックを受け、両社とも各収支報告書にそれを記載していなかったと説明していました（「麻生派で裏金認める初の証言　元所属議員秘書が特捜部に供述」毎日新聞2024年9月2日5時00分）。

したがって、自民党は過去に遡って調査していませんので、本心では反省してはいないことがわかります。

◆バブル状態の政治資金の下で〝裏金〟が欲しかった！

また、「清和政策研究会」の裏金事件で明らかになることは、「清和政策研究会」「志帥会」も、その所属議員らも、「政治資金が欲しかった」というよりも「裏金が欲しかった」ということです。

その証拠に、自民党本部は毎年多額の政治資金を受け取っており、その主たる資金源は私たち国民の税金が原資である約160億円以上の**政党交付金**であり、自民党本部は毎年政治資金の70％前後の割合で政党交付金に依存し国営政党化し、政治資金には全く困っていなかったからです。

その結果として、**自民党本部は年間の政党交付金（約160億円以上）を上回る約186億円以上の政治資金を翌年に繰り越していて、年間の政党交付金全額を事実上1円も使ってない**計算になっているのです（政党助成法によると政党交付金は年末に残金が生じれば国庫に返還するのが原則ですが、例外として「基金」をつくれば国庫返還しなくても良いことになっており、実際には国庫返還しないのが、まるで原則であるかのような運用になっています）。

したがって、自民党本部の政治資金は政党交付金のお陰でバブル状態であるにもかかわらず、自民党の最大派閥の「清和政策研究会」も「志帥会」も、直近3年では毎年1億円を超える裏金をつくり、その裏金を所属議員にキックバックまたは中抜きの形で寄附し（第2章の一覧参照）、各議員は受領した寄附金を裏金として保有し密かに支出していた、ということになります。

裏金が必要な理由の一つは、公職選挙法の適用がない自民党総裁選挙において党員らを買収するためです。自民党の石破茂元幹事長は、公選法が適用されない党総裁選で買収的行為が行われてきたと

自民党「本年の収入」（前年からの繰越額を含まず）、政党交付金（税金）の占める割合

年（国政選挙）	本年の純収入	その内の政党交付金収入	**収入に対し政党交付金の占める割合**
2018年	約262.9億円	約174.9億円	**約66.5%**
2019年（参議院通常選挙）	約244.9億円	約176.5億円	**約72.1%**
2020年	約240.8億円	約172.6億円	**約71.7%**
2021年（衆議院総選挙）	約243.5億円	約169.5億円	**約69.6%**
2022年（参議院通常選挙）	約248.6億円	約159.8億円	**約64.3%**

指摘しました（「『総裁選でカネばらまくのはおかしい』自民・石破氏、買収的行為の規制訴え」産経新聞２０２４年7月4日20時22分）。

二つめの理由は、議員は政策選挙で勝利できる自信がないので、日ごろから選挙区内にある者に公職選挙法が禁止する寄附を行なうためです。例えば、堀井学衆議院議員（自民党を離党、比例北海道）が、選挙区内で違法に香典を配布したとされる事件で、堀井議員の元秘書が「自民派閥の政治資金パーティー券を巡る裏金が原資だった」と周囲に説明していると報道されました（「『裏金が原資』元秘書が証言 堀井学衆院議員の香典違法配布」毎日新聞２０２４年7月19日18時41分）。

世耕弘成参議院議員も地元和歌山の会社役員に入手困難な希少価値のあるクッキー缶を無償提供して公選法に違反する寄附をしていました。

自民党は裏金なしには政治も選挙もできない政党になり下がっています。というのは、福祉国家政策を否定した構造改革という名の新自由主義政策を強行し、専守防衛の枠組みを超えて自衛隊を海外派兵してアメリカの戦争に加担し「戦争

自民党本部の政治資金における「翌年への繰越額」

年	翌年への繰越額	国政選挙
2018年	**約185億9172.3万円**	
2019年	**約188億9407.4万円**	参議院通常選挙
2020年	**約244億1976.1万円**	
2021年	**約215億9320.4万円**	10月衆議院総選挙
2022年	**約214億3956.8万円**	参議院通常選挙

できる国」づくりを推進してきました。その結果として党員も激減したのです。自民党の党員数のピークは１９９１年の約５４７万人で、２０１２年末には73万人台まで落ち込みました（「自民党員数　16年ぶり増加　78万人台に」産経新聞２０１４年４月21日19時36分）。それでも選挙で勝とうとして、買収や違法寄附のための裏金づくりをしてきたのです。つまり、たまたま「政治資金が不足し困窮したので裏金をつくってしまった」のではなく、初めから「密かに支出するための裏金そのものが欲しかった」ということになりますから、議員一人ひとりの裏金づくりも計画的であり、**悪質性が極めて高い**ことは明らかです。

◆〝買収〟事件では時給１０００円でも起訴されている！

政治資金規正法違反の収支報告書不記載等の罰則の法定刑は公職選挙法違反の買収罪（第２２１条第１項）のそれよりも重いのです。

公職選挙法違反の運動買収の場合には、買収金額が必ずしも高額でなくても、かつ、選挙運動への報酬をまだ支払っておらず、報酬の支払いを約束しただけでも運動買収罪に問われてきました。

例えば、２０２１年10月31日執行の衆議院議員総選挙で初当選した自民

犯罪	公職選挙法違反の買収罪	公職選挙法違反の政治資金収支報告書不記載罪等
罰則	3年以下の懲役若しくは禁錮又は50万円以下の罰金	5年以下の禁錮又は100万円以下の罰金

党の勝目康衆院議員（京都1区）陣営の運動員の女性3人に対し勝目候補への**投票を呼び掛ける選挙運動をすることへの報酬として時給1000円を支払う約束をした**として、京都区検察庁は同年12月27日、公選法違反（買収約束）の罪で、岸本裕一元府議（京都市北区）を略式起訴し、京都簡易裁判所は罰金50万円の略式命令を出しました（「元京都府議に罰金50万円　簡裁、衆院選で運動員買収」産経新聞２０２１年12月27日20時41分）。

また、２０２３年4月9日執行の大阪府議選で当選した自民党の西野修平府議（同府河内長野市選挙区）の選挙運動を手伝う見返りとして**時給1200円の報酬を支払う約束をした**として、大阪区検は6月5日、公職選挙法違反（買収約束、事前運動）の罪で、事務所職員を略式起訴し、大阪簡裁は同日、罰金50万円の略式命令を出しました（「自民大阪府議の事務所職員に罰金　府議選で報酬約束」産経新聞２０２３年6月5日18時57分）。

以上について東京地方検察庁（東京地検）特捜部は、「公職選挙法違反の買収は選挙の公正さを害する実質犯であるから少ない金額でも処罰されるのは当然だが、政治資金規正法違反の収支報告書不記載等は形式犯だから少額では悪質性が乏しいので処罰すべきであるとはならない」と説明するかもしれません。

しかし、前述したように裏金事件は従来の政治資金規正法違反よりも組織的であり格段に悪質ですし、国民の〝知る権利〟を組織的に侵害しており、主権者である国民を組織的に裏切る犯罪です。極めて悪質なのです。

したがって、東京地検特捜部が仮に上記のような説明をしても、それは全く合理性がないのです。おそらく、その説明は政権政党（与党）の国会議員への忖度としか考えられません。

◆不可解な不起訴理由（「嫌疑不十分」）

東京地検特捜部は、今年1月、報道によると、「清和政策研究会」の裏金事件で3名の国会議員を在宅起訴または略式起訴する一方、他の大勢の国会議員を起訴しませんでした。

起訴された3名の2018年～2022年の5年間の裏金の金額は4000万円を超えていました（大野泰正参院議員は計約5150万円、谷川弥一衆院議員は計約4300万円、池田佳隆議員は計4826万円）が、起訴されなった大勢の国会議員の5年間の裏金の金額は4000万円を下回っています（ただし、二階俊博衆議院議員の**秘書**は4000万円以下の3526万円で起訴されました）。

私が刑事告発して東京地検が不起訴にした議員の不起訴理由は〝起訴猶予〟ではなく〝嫌疑不十分〟でした。

「起訴猶予」とは、すでに解説したように「被疑者が犯罪を犯したことが証拠上明白」であるのに、検察が「訴追を必要としないとき」に「公訴を提起しない」ことを指しています（刑事訴訟法第248条）。

裏金事件において東京地検特捜部が裏金議員を起訴するか否かを判断する重要な基準として「裏金金額が4000万円を超えれば起訴し、4000万円を下回れば不起訴にした」のであれば、その不起訴理由は「起訴猶予」でなければなりません。〝4000万円を超えれば「被疑者が犯罪を犯したことが証拠上明白」であったが、4000万円を下回れば「被疑者が犯罪を犯したことが証拠上明白」でなかった〟というのは、あまりにも不自然です。証拠の有無が金額の多寡で決まるはずがないからです。

これにつき考えられる可能性は二つです。

一つは、〝4000万円以下の各議員についても捜査の結果として「被疑者が犯罪を犯したことが証拠上明白」であったが、「起訴猶予」で不起訴にすると、検察審査会が「起訴相当」議決をする可能性が高いので、あえて「嫌疑不十分」を理由に不起訴にした〟というものです。

もう一つは、〝捜査の過程で、起訴する判断基準を裏金4000万円超と決めてしまい、裏金4000万円を下回った各議員については、あえて捜査を尽くさなかったので「被疑者が犯罪を犯したことが証拠上明白」でなかった〟というものです。つまり、裏金4000万円超だった3名の国会議員については起訴できる証拠を入手できるくらい捜査を尽くしたのに、4000万円以下の各議員については捜査を尽くさなかったので起訴できる証拠を入手できなかったことになります。

以上の二つの可能性のいずれが真実であっても大問題です。

◆東京検察審査会には「起訴相当」議決をしてほしい！

以上のような組織的で悪質な裏金事件について、そのうちの一人ひとりの裏金について「金額が従来の事件に比べて少ない」という理由で起訴しないという前例をつくってしまえば、今後も、組織的な裏金づくりはなくならないでしょう。

今年開催された通常国会において自公与党は6月に政治資金規正法改正案を議席数の力だけで成立させましたが、その内容は裏金づくりの予防にはならないものでした。というのは、本書第2部で詳述しますが、政治団体は政治資金規正法に基づき収支報告制度がありますが、会社や任意団体など（以下「企業・団体」という）は国民が監視できる収支報告制度がないので、政治資金パーティー券を購入していたとしても、その購入の有無とその購入金額は誰も検証できません。それにもかかわらず、改正政治資金規正法では、政治資金パーティーそのものの禁止がなされなかっただけではなく、誰も検証できない企業・団体の政治資金パーティー券購入さえ禁止されなかったからです。

ですから、政治資金パーティー収入の明細を記載する基準を現行の20万円超から5万円超に引き下げても、国民が企業・団体の支払いを確認できる制度がないのですから、裏金づくりは今後も簡単にできてしまうのです。

それにもかかわらず、5年間で4000万円以下だった議員らの裏金事件について「金額が多額ではない」との理由でこのまま起訴しなければ、今後も政治資金パーティーで裏金がつくり続けられることでしょう。

それをさせないためには、第一に、東京地検特捜部が「起訴猶予」を理由に不起訴にした被疑者について「犯罪を犯したことが証拠上明白」なのですから、東京検察審査会には、必ず「起訴相当」と議決してほしいのです。

第二に、裏金づくりは国会議員の判断なしに事務方だけではできませんので、東京地検特捜部が「嫌疑不十分」を理由に不起訴にした両国会議員についても「起訴相当」と議決していただきたい。「起訴相当」議決がなされれば東京地検特捜部は必ず起訴するでしょう。実際に捜査を尽くしていなければ、起訴した3名の国会議員と同じように捜査を尽くして起訴するはずです。

もしも衆参国会議員について東京検察審査会が「起訴相当」議決ができなかった場合でも、「不起訴不当」議決をして、東京地検特捜部に捜査を尽くすよう強く要請してほしいのです。

そうすれば、東京地検特捜部は国会議員についても捜査を尽くして刑事事件として立件するのではないかと期待できます。東京地検特捜部は検察審査会の議決を歓迎するのではないでしょうか。

毎年確定申告して真面目に納税している国民は東京検察審査会の英断を期待していると私は確信しています。

第２部

裏金を一掃するためにも
抜本的政治改革を

第1章　裏金議員辞職と真相解明の必要性

◆政治的責任としての裏金議員の議員辞職

第1部で紹介したように、昨2023年12月以降、「清和政策研究会」（細田・安倍派）など複数の派閥の各政治団体が「裏金をつくっていた」ことが報道されました。すると、私が2022年11月以降刑事告発し続けてきた政治資金規正法違反事件は一気に裏金事件として報道され始めたのです。その結果、これまで国民が知らされていなかった重要なことが次々に明らかになり、私が刑事告発を始めた時の情報と比較すればその違いは顕著でした。それゆえ、これまで岸田政権や岸田自民党を支持していた方々でさえも、その評価を一変され、支持率は大きく下降してしまいました。

今年1月19日と同月26日には東京地検特捜部が一部の事務方や議員らだけを在宅起訴または略式起訴しました。報道機関は「捜査終結」と判断したようです。しかし、裏金議員らの議員辞職はなく、私は刑事告発をその後も続けています。

もちろん、裏金議員の刑事責任は特捜部の捜査を尽くして立件されなければなりませんが、国会議員には法的責任（ここでは刑事責任）とは別に政治的責任もあります。裏金議員は裏金の処理について会計責任者または秘書の責任にして自らは「知らぬ存ぜぬ」で刑事責任から逃げ回っていますが、会計責任者や秘書に対する監督責任もあります。会計責任者または秘書が議員を裏切ったのであれば、解雇すればよいのですが、どうもそのようなケースではなかったようです。となると、国民主権主義・議会制民主主義の下では、裏金議員は、監督責任から逃げることは許されませんから、議員辞職をするなどして責任をとるべきです。

にもかかわらず、裏金議員はこの責任さえもとろうとはいません。自民党も議員辞職を求めていません。主権者である私たち国民は裏金議員への議員辞職を求め続ける必要があります。

◆「真相究明」「全容解明」には程遠い

また、まだまだ「真相が解明された」「全容が解明された」とまでは言えない状態です。ですから、不明なことや詳細がわからないことがあることも事実です。

例えば、派閥の政治団体がいまだに20万円を超えて政治資金パーティー券を購入した会社等の明細について各収支報告書の追加訂正を一部しか行なっていないのは、あまりにも不自然です。収支報告書の作成義務のある政治団体の購入よりも、収支報告書制度のない会社等の方が明細の不記載や裏金づくりはやり易いはずですからです。私が当初刑事告発した20万円超の収入明細の不記載額は5年間で一番多額だった「清和政策研究会」でさえも4000万円に達していませんが、裏金総額は6億7000万円を超えていましたので、裏金は収支報告制度のない会社などの分が圧倒的に多かったはずで、その中には会社などが支払った20万円超の収入明細の不記載が含まれているはずです。会社購入分の収支報告書の訂正がなされていないがゆえに、いまだに、どの会社から政治資金パーティー券を幾ら購入してもらっていたのか、真相・全容は明らかになっていません。

第1部で紹介したように、派閥の政治団体が訂正したのは2020年分から2022年分まで直近3年分の収支報告書だけであり、2019年以前のものは保存期間3年のため訂正されていません。キックバックを受けた議員側の各政治団体の各収支報告書の訂正も基本的には同様です（ただし、要旨が公表されている都道府県公報を訂正した政治団体があるようです）。

自民党は所属の国会議員にアンケートを行ない、裏金の総額やキックバックを受けた議員側が受領した金額が報道されましたが、それは基本的に派閥の政治団体からキックバックされた裏金の金額であり、パーティー券の売上金を派閥の政治団体に渡さずに「中抜き」（持ち逃げ）した裏金は、公表された金額の中に全額含まれているのか疑念が生じます。

また、第1部でも指摘したように、そもそも公表されたアンケート結果は2018年から2022年までの5年間の分だけです。麻生派「為公会」（「志公会」の前身）でも2017年まで裏金がつくられていたことが判明し、細田・安倍派「清和政策研究会」では20年以上前から裏金がつくられていたと言われているにもかかわらず、2017以前の裏金とその詳細は説明されないままです。

したがって、明らかになっている金額は〝氷山の一角〟に過ぎず、裏金についてもまだまだ真相・全容は不明のままなのです。

◆客観的証拠を示しての記者会見なしの異常

その原因は幾つかありますが、最大の理由は自民党本部も5派閥の各政治団体も、キックバックを受けた国会議員さえも、いまだに、会計帳簿、金融機関の口座情報、領収書など客観的な資料を公表して記者会見で詳細な説明をしていないことにあります。おそらく、真実を語りたくないことに加え、主権者国民を本心では主権者だと思っていないので、説明責任を果たす気が起きないからなのでしょう。

私が刑事告発した堀井学元議員は安倍派「清和政策研究会」からキックバックされた裏金を公職選挙法が禁止している選挙区内にある者へ寄附していたとして起訴されましたが、自民党が依頼した弁護士による調査では、それは明らかにされていません。同党の調査は真実を解明していないのです。

個々の国会議員、その集団である派閥の各政治団体そして政党本部には、法的責任（刑事責任）とは別に、国民主権主義に基づく政治的責任があるので、何らかの疑惑が生じたのであれば、主権者国民に対してその疑惑を払拭する説明責任があります。その責任を果たさないのであれば、速やかに議員辞職すべきですが、それもしていません。

これでは国民主権主義は〝絵に描いた餅〟状態であり、あまりにも異常です。これを受け入れるわけにはいきません。主権者国民も各報道機関も、自民党本部や各派閥に記者会見の開催を強く求め、説明責任をきちんと果たさせる必要があります。あきらめてはいけません。

◆国会での真相解明を！

それとは別に真相解明できる場が公的にあることを忘れてはなりません。その場とは国会です。今年2月28日と29日には岸田文雄総裁ら一部の自民党国会議員だけが衆議院の政治倫理審査会で弁明しましたが、それまで明らかになっていることから大きく踏み込んだ説明はありませんでした。他の自民党議員らも政治倫理審査会で説明すべきです。ただ、虚偽の説明をしても偽証罪には問えないので、同罪で問える証人喚問を行なうべきです。

そもそも衆議院と参議院で構成されている国会は、主権者国民の代表機関であり、「国権の最高機関」です（日本国憲法第41条・第42条・第43条）。だからこそ、衆議院と参議院には国政調査権があるのです（同法第62条）。したがって、衆参各院は、派閥の政治資金規正法違反について真相・全容解明のために自民党各派閥の政治団体とその所属議員らに関係資料の提出を求め、関係者全員を証人召喚して喚問すべきです。

今の自公政権では実現できなければ政権交代してでも実現するしかありません。自民党が反対するでしょうから、良識ある政党は証人喚問など国政調査権の行使を求め続け、主権者国民がそれを後押しすることが重要になります。

◆裏金をなくす改革を！

政治資金や選挙運動資金において裏金が存在すれば、国民の〝知る権利〟は保障されず侵害されていることになりますし、国民主権主義・議会制民主主義も破壊されていることになります。ですから、主権者である私たち国民は政治資金や選挙運動資金において裏金をなくすよう政党・政治家に厳しく要求しないといけません。

それは政党・政治家の単なる道徳・倫理観に委ねるだけではダメです。自民党の派閥とその所属議員に倫理観があれば裏金はつくられなかったはずです。道徳・倫理観がないと思ったうえで、私たち主権者国民は、裏金が簡単につくれない政治改革の断行を政党・政治家に強く求める必要があります。この政治改革は当然法律改正でなければなりません。

また、１９９４年に行なわれた「政治改革」の建前は政治腐敗の一掃でしたが、その建前が失敗したことは自民党の派閥の政治団体による裏金づくりの発覚で明らかになりましたので、１９９４年「政治改革」のやり直しも必要です。

そこで、次に、それらの個々・具体的な提案をいたしましょう。

第2章　裏金防止のために企業・団体事業への支払いは全面禁止を！

◆企業・団体の政治資金パーティー券購入は全面禁止を！

自民党の主要派閥の各政治団体の政治資金規正法違反事件の裏金事件は、第1部で紹介したように、発覚の発端は裏金事件と断定できるわけではありませんでした。

派閥の各政治団体は、毎年政治資金パーティーを開催していました。政治資金規正法によると、毎年の収支報告書にその収支を記載しなければならないわけですが、それだけではなく、20万円を超えて政治資金パーティー券を購入していた個人・企業・政治団体があった場合には、その購入者、購入金額などの明細も収支報告書に記載しなければなりません。

この点に注目して調査したのが、「しんぶん赤旗日曜版」編集部の記者でした。その明細の記載が真実かどうかを調査したのです。もっとも、その調査ができたのは、政治団体の購入分だけです。購入していた政治団体をその収支報告書の記載から発見し、その記載と、派閥の収支報告書の20万円超パーティー収入明細とを照らし合わせることで、派閥の政治団体側の不記載・虚偽記入が確認されました。「しんぶん赤旗日曜版」がそのことをスクープ報道し、コメントした私はそれを更に刑事告発して、東京地検特捜部が捜査した結果、裏金の刑事事件として一部が立件されました。

前述したように、安倍派「清和政策研究会」の場合、20万円超の政治資金パーティー収入明細不記載額は5年間で4000万円を下回っていました。一方、検察の捜査では、この期間の裏金の総額は6億7000万円超に上っていたことが判明しています。つまり、裏金のほとんどは、政治団体以外の企業などによるパーティー券の購入分だと考えられるのです。

金額の大きさから考えると、企業などに20万円超のパーティー券を購入してもらいながら派閥の収支報告書に記載していなかったケースが膨大な数あったとみなすべきですが、企業などの側に国民がチェックできる収支報告の仕組みがないため照合できず、真相は今も闇の中です。企業などの購入分は、はなから正直に記載する気がないのですから、本当に裏金を簡単につくれないよう再発防止を考えるならば、少なくとも、個人がパーティー券を購入する場合には一人分しか買えないようにした上で、収支報告制度のない企業、労働組合、任意の団体（以下、「企業・団体」。「政治団体」は除く）については購入自体を法律で全面的に禁止するしかないのです。

◆禁止された事実上の企業・団体献金の受け取りをさせないためにも

この全面禁止は、別の視点からも結論づけられます。それは、政治団体が企業・団体献金を受け取るのは政治資金規正法で禁止されているにもかかわらず、政治資金パーティーを通じて事実上の企業・団体献金が横行しているので、その抜け途を塞ぐためです。

政治資金規正法によると、「政党」（政治資金規正法第3条第2項）と「政治資金団体」（同法第5

企業・労働組合・任意団体（＝企業・団体）の政治活動のための寄附（政治献金）受領の可否

政治団体の種類	要件	企業・団体献金
政党＝右の2つの要件のうち1つでも充足する政治団体	・政治団体に所属する衆議院議員又は参議院議員を5人以上有するもの ・直近の衆参各選挙のいずれかで「政治団体の得票総数」が「有効投票の総数の100分の2以上であるもの」	○
政治資金団体	政党のために資金上の援助をする目的を有する団体（国民政治協会、国民改革懇話会、ホリエモン新党）	○
資金管理団体	公職の候補者が、その代表者である政治団体のうち、その者のために政治資金の拠出を受けるべき政治団体と指定したもの	×
他の政治団体	派閥の政治団体、地域政党「大阪維新の会」、業界政治団体など	×

条第1項第2号）は「企業・団体」の行う政治活動のための寄附（政治献金）を受け取ることが許容されていますが、「政党」「政治資金団体」以外の「政治団体」（「資金管理団体」を含む）や「公職の候補者」は「企業・団体」の行う政治献金（企業・団体献金）の受け取りが禁止されています（同法第21条第1項）。

一方、「政治資金パーティー」は、「政党」も開催できますが、「政党」以外の「政治団体」も開催が許容されている上に、「企業・団体」も政治資金パーティー券の購入が許容されています。寄附金収入はその全額を自由に使えますが、政治資金パーティー収入の場合には、そこから開催費用を支出したり参加者に飲食などの対価を提供しないといけませんので、その点では全額を自由に使えるわけではありません。

政治資金パーティー券の購入者は政治資金パーティーに参加して、飲食などの対価を受ける権利があります。しかし、政治資金パーティー券を購入した者であっても実際には政治資金パーティーに参加せず、政治資金パーティーの主催者がその不参加を個別に把握していれば不参加者分の飲食などの準備をする必要がなくなるので、その分の収入は寄附金になります（この点は後で詳述します）。

しかし、「政治団体」の中には〝事実上の企業・団体献金を受け取るために政治資金パーティーを開催して「企業・団体」に大量の政治資金パーティー券を販売して、不参加分収入＝寄附金収入を受け取っている〟政治団体があるのです。つまり、政治団体にとって政治資金パーティーの開催は企業・団体献金を受け取るための抜け途になっているのです。

したがって、政治団体の受け取りが禁止されている企業・団体献金の抜け途を塞ぐためには、「企業・団体」がパーティー券を購入すること自体を法律で全面的に禁止しなければならないのです。

◆政治団体の他の事業への企業・団体の支払いも全面禁止を！

注意を要するのは、政治資金規正法の定める「政治資金パーティー」だけを全面禁止しても裏金防止策や企業・団体献金の抜け途防止策としては不十分だということです。

同法の定める「政治資金パーティー」とは、そもそも「対価を徴収して行われる催物」（同法第8条の2）であることを前提にしており、そこでいう「催物」とは、実際に対面で参加者がどこかに集まって開催されるものだと説明されています。

それ以外で政治資金を集める事業、例えば、後述するように、政治資金パーティーと同額の高額会費のオンライン講演会などの事業も政治団体によって開催されていますが、この事業は、実際に対面で参加者が集まっていないので、そもそも「政治資金パーティー」でないと説明されています。それゆえ、この立場からすると、オンライン講演会などの事業については、20万円超の会費収入の明細を収支報告書に記載義務はありませんし、政治資金パーティーにおける購入上限150万円の規制もないのです。つまり、オンライン講演会などの事業は、政治資金パーティーよりも透明度はなく、会費の上限規制もないのです。その結果として、収益率の高すぎる事業になっています。

ですから、「企業・団体」は収支報告制度がない以上、裏金がつくれるので、「企業・団体」が以上のように政治団体が主催する高い収益率の事業の会費を支払うことについても全面禁止すべきなのです。

以上のように考えてゆくと、収益率が高くなくても、政治団体の主催する如何なる事業の会費についても、「企業・団体」がそれを支払うことを全面禁止すべきであるということになります。また、事業以外の寄附、すなわち、企業・団体献金そのものについても、後で詳述するように全面禁止すべきということになります。企業・団体は収支報告制度がないのですから、裏金づくりを防止するためには、あるいは事実上の企業・団体献金の抜け道を防止するためには、「企業・団体」が如何なる名目であれ政治団体に資金提供することを、法律で全面禁止するしかないのです。

第3章　事実上の寄附となっている政治団体事業は全面禁止を！

前章で提案したのは、〝裏金づくりの防止策〟と〝企業・団体献金の抜け途防止策〟としての具体的な提案でした。

次に考えるべきことは、「事実上は寄附であるのに、そのことが収支報告書に記載されず、事実上の寄附が国民に認識されないようになっている」ので、そのような状態を改善することです。この点でいえば、私は、政治活動のための政治資金を集める「政治資金パーティー」事業そのものを全面的に禁止すべきだと主張しているのです。これについては、説明が必要なので、少し詳しく解説しましょう。

◆政治資金パーティーそのものの全面禁止を！

例えば、自民党の派閥の政治団体の主要な収入源は、政治献金収入ではなく、政治資金パーティー収入であり、それが第一の収入源なのです。直近3年について各派閥の政治団体の訂正された収支報告書を確認したところ、収入総額に占める政治資金パーティー収入の割合は、少ない派閥でも60％前後、多い派閥だと86％強もありました。

政治資金パーティーを開催する「政治団体」の場合、その収入額は高額なのに経費支出は少額なので、

2020年

政治団体	本年の収入	パーティー収入額	割合
清和政策研究会	3億4523.0万円	2億6383.0万円	**76.4%**
志帥会	約3億7816.0万円	3億2047.0万円	**84.7%**
平成研究会	約2億1686.0万円	約1億8146.0万円	**83.7%**
志公会	約2億7181.5万円	約2億1706.5万円	**79.9%**
宏池政策研究会	約2億6328.8万円	約1億6428.7万円	**62.4%**

2021年

政治団体	本年の収入	パーティー収入額	割合
清和政策研究会	3億5557.0万円	2億7187.0万円	**76.5%**
志帥会	3億5769.0万円	2億9773.0万円	**83.2%**
平成研究会	約2億2210.9万円	約1億9270.9万円	**86.8%**
志公会	約3億1989.2万円	約2億1938.1万円	**68.6%**
宏池政策研究会	約2億5592.0万円	1億4967.0万円	**58.5%**

2022年

政治団体	本年の収入	パーティー収入額	割合
清和政策研究会	2億8835.0万円	1億9762.0万円	**68.5%**
志帥会	約2億4652.1万円	2億1209.0万円	**86.1%**
平成研究会	約2億1890.0万円	約1億8420.0万円	**84.1%**
志公会	約2億8658.3万円	約2億3331.2万円	**81.4%**
宏池政策研究会	約2億2935.1万円	1億8329.0万円	**79.9%**

収益率が極めて高いものが多々あります。自民党の派閥の各政治団体もそうでした。政治資金パーティー収入額からその経費を差し引いて収益を算出し、その収益が収入額に占める割合を算出した収益率は少ないもので83%、多いもので94%弱もありました。

なぜ収益率が高いのでしょうか?

その理由は、政治資金パーティーに参加しない分の会費まで支

2020年

政治団体	パーティー収入額	パー経費支出	収益	収益率
清和政策研究会	2億6383.0万円	2681.2万円	2億3701.8万円	89.8%
志帥会	3億2047.0万円	約1953.2万円	3億0093.8万円	93.9%
平成研究会	約1億8146.0万円	約1980.0万円	1億6166.0万円	89.1%
志公会	約2億1706.5万円	約1817.6万円	1億9888.9万円	91.6%
宏池政策研究会	約1億6428.7万円	約2577.2万円	1億3851.5万円	84.3%

2021年

政治団体	パーティー収入額	パー経費支出	収益	収益率
清和政策研究会	2億7187.0万円	約2887.6万円	2億4299.4万円	89.4%
志帥会	2億9773.0万円	約1576.2万円	2億8196.8万円	94.7%
平成研究会	約1億9270.9万円	約2091.1万円	1億7179.8万円	89.1%
志公会	約2億1938.1万円	約2074.3万円	1億9863.8万円	90.5%
宏池政策研究会	1億4967.0万円	約2550.9万円	1億2416.1万円	83.0%

2022年

政治団体	パーティー収入額	パー経費支出	収益	収益率
清和政策研究会	1億9762.0万円	約2591.9万円	1億7170.1万円	86.9%
志帥会	2億1209.0万円	約1573.9万円	1億9635.1万円	92.6%
平成研究会	約1億8420.0万円	約1981.9万円	1億6438.1万円	89.2%
志公会	約2億3331.2万円	約2042.6万円	2億1288.6万円	91.2%
宏池政策研究会	1億8329.0万円	約1689.3万円	1億6639.7万円	90.8%

払う「企業・団体」や業界政治団体が多数あるからです。したがって、政治資金パーティー券の販売枚数よりも遥かに少ない収容人数の会場で政治資金パーティーが開催されているのです。自民党の派閥の政治団体もそうでした。例えば二階派「志帥会」は1万人を超える人数分の政治資金パーティー券販売をしていながら、会場は立食で2500人の部屋で開催していました。どう考えても約8000人～約

「志帥会」のパーティー収入と参加権者数等

年	2020年	2021年	2022年
パーティー収入	3億2047万円	2億9773万円	2億1209万円
参加権者数（会費2万円で計算）	**1万6024人**	**1万4887人**	**1万0605人**
「ホテルニューオータニ」への支払額	約969万円	約936万円	約805万円
「鶴の間」立食収容人数	**2500人**	**2500人**	**2500人**

1万5500人は参加していない計算になるのです。不参加分を主催者が把握していれば、それは寄付収入になりますが、事前に会場を決めているのですから、あの手この手で事前に把握しているはずです。

ちなみに、政治団体の中には、「依頼枚数10枚×2万円＝20枚円」と明記して政治資金パーティー券の10名分購入を企業に依頼しておきながら「ご出席依頼人数3名分」と明示している政治団体もありますし、「ご入金のみ」の回答をさせて参加しない購入者を把握している政治団体もあります。しかし、主催者の政治団体側は「購入者は全員参加することを前提に準備した」と白々しい嘘を言って弁明するのです。

つまり、派閥の政治団体は政治資金パーティーにおいて事実上の寄附を集めてきたのです。これは派閥の政治団体に限りません。企業・団体献金を受け取れない「政治団体」の中には、政治資金を集めるために「企業・団体」から大量の政治資金パーティー券を購入してもらったうえで、実際には当該「企業・団体」からの参加者が一人もなかったり、購入人数分よりも少ない人数しか参加していなかったりするのです。こうして政治団体は事実上の企業・団体献金を受け取っているのです。

これは厳密に言えば政治資金規正法違反なのですが、その証明が簡単ではないので、横行しているのです。これを防止するためには、前章で提案したように、「企業・団体」が如何なる名目であれ政治団体に資金提供することを、法律で全面禁止すればよいのです。

もっとも、政治資金パーティー券を大量に購入するのは、「企業・団体」だけではありません。業界等の政治団体も大量購入しています。こうして、業界の政治団体は事実上の寄附を行なっているのです。

政治団体も政治団体に寄附すること自体は、政治資金規正法で許容されているので、この事実上の寄附は「合法」なのですが、政治資金パーティーを主催した政治団体は、それを収支報告書の寄附の収入欄に記載せず、政治資金パーティー収入に含めて記載しているのです。これでは、政治資金規正法が寄附金収入と政治資金パーティーとを区別して取り扱っている意味がなくなります。

以上の現実を踏まえれば、事実上の寄附を集めるために「政治資金パーティー」が開催されている以上、「政治資金パーティー」そのものを法律で全面的に禁止するしかないのです。

◆政治資金パーティー等の収益率の高い事業（＝実質は寄附）は禁止を！

前述した政治資金パーティーと同額の高額会費のオンライン講演会などの事業も高い収益率です。武見敬三議員代表の資金管理団体「敬人会」がその代表例です。収益率は80％を超えており、90％近くのものもあります。

高い収益率になる理由は、政治資金パーティーと同額の高額会費であり、かつ、「企業・団体」だ

チケット購入を20枚依頼しながら、出席者数は3名を要請

2020年1月吉日

[redacted] 御中

チケットご購入依頼の件

○依頼枚数　　　　10枚 × 20,000円 ＝ 200,000円

○お手元所有参加券番号　　No.[redacted] ～ No.[redacted]
（ご出席依頼人数３名分）

○振込用紙記載整理番号　　No.[redacted] ～ No.[redacted]）[redacted]
（２０万円分）

[redacted]
円）いただき、振込をお願いいたします。
その際、振込依頼人の頭部に、整理No.「[redacted]～[redacted]」をご記入くださいますようお願いいたします。
同封の「FAX返信用紙」（「[redacted]～[redacted]」）で出席者（３名分）を実行委員会にご連絡いただけますようお願いいたします（私製用紙でまとめて連絡していただいても可）。

[redacted]

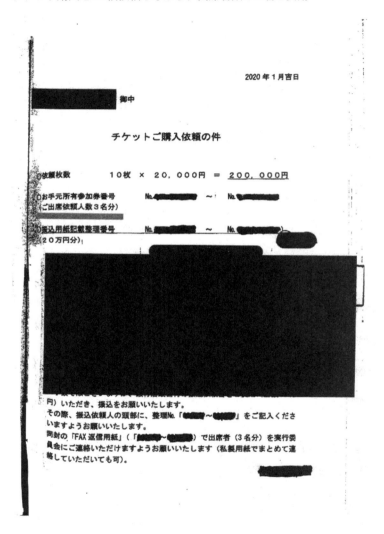

「ご入金のみ」との選択肢もあるパーティー案内状

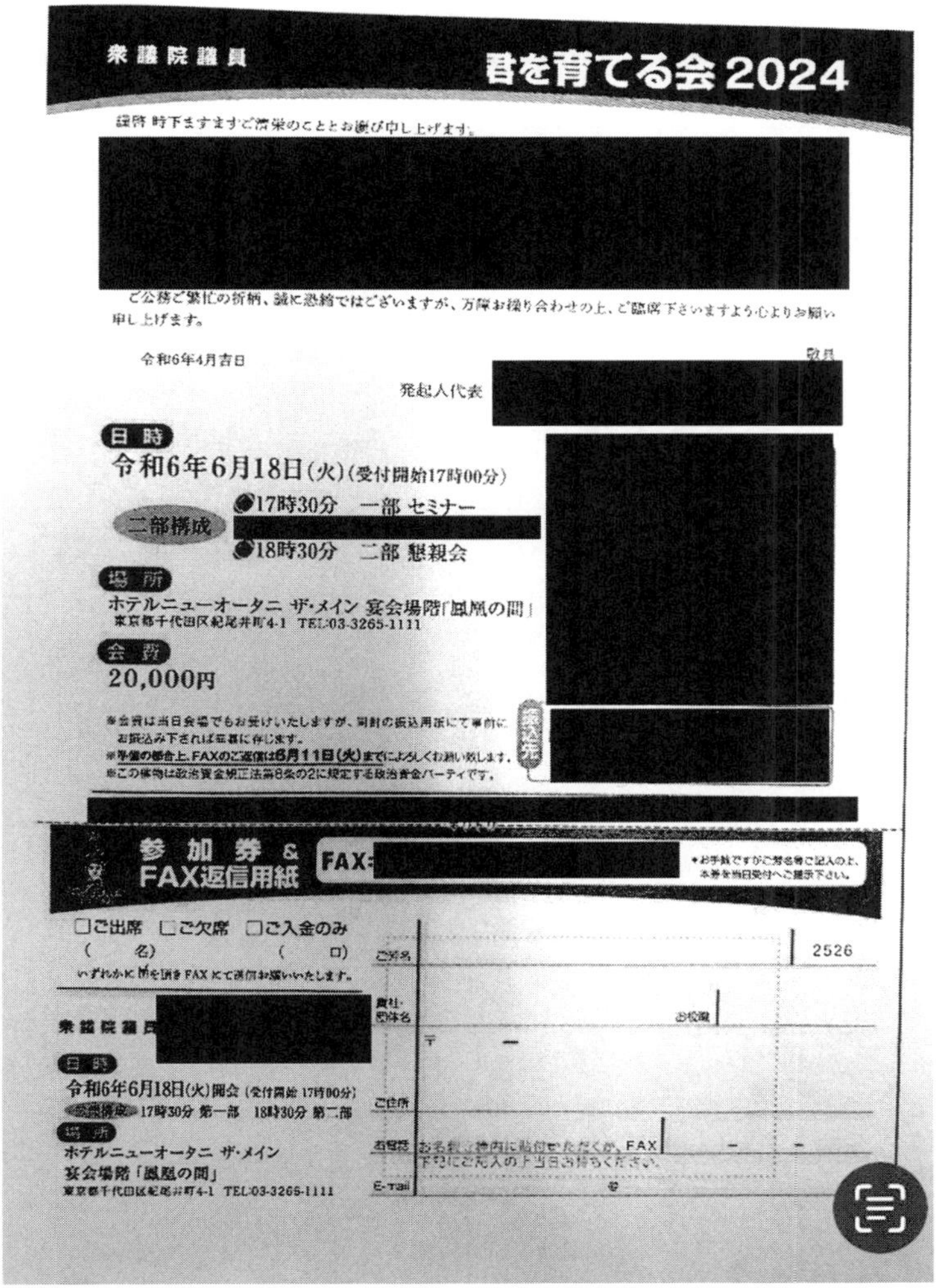

衆議院議員

君を育てる会2024

謹啓 時下ますますご清栄のこととお慶び申し上げます。

[redacted]

ご公務ご繁忙の折柄、誠に恐縮ではございますが、万障お繰り合わせの上、ご臨席下さいますよう心よりお願い申し上げます。

令和6年4月吉日

敬具

発起人代表 [redacted]

日時

令和6年6月18日(火)(受付開始17時00分)

二部構成

17時30分　一部 セミナー

[redacted]

18時30分　二部 懇親会

場所

ホテルニューオータニ ザ・メイン 宴会場階「鳳凰の間」

東京都千代田区紀尾井町4-1　TEL:03-3265-1111

会費

20,000円

※会費は当日会場でもお受けいたしますが、同封の振込用紙にて事前にお振込み下されば幸甚に存じます。

※準備の都合上、FAXのご返信は6月11日(火)までによろしくお願い致します。

※この催物は政治資金規正法第8条の2に規定する政治資金パーティです。

送付先 [redacted]

[redacted]

参加券 & FAX返信用紙

FAX: [redacted]

＊お手数ですがご芳名等ご記入の上、本券を当日受付へご提示下さい。

□ご出席　□ご欠席　□ご入金のみ

(　　名)　　　(　　口)

いずれかに印を頂きFAXにて返信お願いいたします。

衆議院議員 [redacted]

日時

令和6年6月18日(火)開会(受付開始17時00分)

二部構成 17時30分 第一部　18時30分 第二部

場所

ホテルニューオータニ ザ・メイン

宴会場階「鳳凰の間」

東京都千代田区紀尾井町4-1　TEL:03-3265-1111

ご芳名	2526
貴社・団体名	お役職
ご住所	〒　—
お電話	お名刺を枠内に貼付いただくか、FAX下記にご記入の上当日お持ちください。　—　—
E-mail	@

資金管理団体「敬人会」（代表・武見敬三）2021年オンライン勉強会・セミナー

事業の種類	収入金額	経費支出	収益	**収益率**
敬人会勉強会	1603万2000円	202万8723円	1400万3277円	**87.3%**
敬人会勉強会	1213万0000円	213万4254円	999万5746円	**82.4%**
敬人会勉強会	1162万0000円	170万6984円	991万3016円	**85.3%**
武見セミナー	1760万5000円	188万0225円	1572万4775円	**89.3%**

資金管理団体「敬人会」（代表・武見敬三）2022年オンライン勉強会・セミナー

事業の種類	収入金額	経費支出	収益	**収益率**
敬人会勉強会	1309万0000円	198万6499円	1110万3501円	**84.8%**
敬人会勉強会	1352万0000円	195万9274円	1156万0726円	**85.5%**
敬人会勉強会	1269万0000円	187万4202円	1081万5798円	**85.5%**
武見セミナー	1885万0000円	207万6115円	1677万3885円	**89.0%**

けではなく、業界等の政治団体も高額の会費を支払っているからでしょう。したがって、政治資金パーティーと同額の高額会費のオンライン講演会などの事業も法律で全面禁止するしかありません。

◆収支がプラス・マイナス・ゼロの事業の場合

誤解のないように説明しておくと、収入額と支出額がほとんど同じ金額の事業は、政治資金規正法上の「政治資金パーティー」ではありません。

同法は、「対価を徴収して行われる催物」で、「当該催物の対価に係る収入の金額から当該催物に要する経費の金額を差し引いた残額」を「当該催物を開催した者又はその者以外の者の政治活動（選挙運動を含む。これらの者が政治団体である場合には、その活動）に関し支出することとされているもの」を「政治資金パーティー」と定義しています（同法第8条の2）から、「当該催物の対価に係る収入の金額から当該催物に要する経費の金額を差し引いた残額」が生じる予定のない事業は、そもそも「政治資金パーティー」ではないのです。

少額の黒字や赤字は当然あり得ますので、問題視する必要はありません。ですから、そのような事業それ自体は禁止する必要はありません。「政治団体」が情報共有のために、あるいは学習会・勉強会を開催するために事業を企画することはありますので、それを禁止する必要はないからです。「政治団体」が総会を開催するときがあり、そのために必要資料や会場代の支出がかかるときがありますが、それは政治団体を維持・運営すれば当然必要な経費の支出です。必要以上に飲食を提供する場合は別ですが、赤字になっても問題にはなりません。

ただし、前述したように、収支制度のない企業・団体からの会費の支払いを通じて裏金をつくらせないためにも、また、事実上の企業・団体献金を行なわせないためにも、「企業・団体」がその事業会費を支払うこと自体を法律で全面禁止すべきです。

また、業界等の政治団体や個人も高額な会費を支払う可能性があり、事実上の寄附を行なうおそれもありますので、業界等の政治団体や個人は最大1名分の支払いしか許容しないよう法律改正すべきです。

第4章　今度こそ政治腐敗の温床の企業献金の禁止を！

◆企業・団体献金の全面禁止は１９９４年「政治改革」の建前だった！

企業、労働組合あるいは任意団体（企業・団体）には、国民がチェックできる収支報告制度がないので、前述したように、企業・団体は政治団体が主催する政治資金パーティーの会費やその他の事業の会費の支払いを法律で全面禁止すべきですし、企業・団体の行う寄附（政治献金）も法律で全面禁止すべきです。企業・団体の支払いの有無や支払い額については、それを受けとった政党・政治団体の収支報告書の記載が本当なのか、誰も検証できないのですから、企業・団体の政治資金パーティーの支払い等も企業・団体の政治献金も全面的に禁止すべきということになるはずです。

実は、特に企業・団体献金の全面禁止は、１９９４年「政治改革」で将来断行すると口約束されていながらも、置き去りにされてきました。特に企業献金は政治腐敗の温床ですから、今度こそ、例外なく全面禁止されなければなりません。これは１９９４年「政治改革」の建前の原点のはずです。

「政治改革」が議論された頃、経済人は、次のように企業献金の問題点を的確に指摘していました。

「もしこれ〔政治献金〕がほんとうに世のため、人のため、国のためというおカネなら、株主に対しては背任行為的な要素がある。それじゃ会社のためになるとか、やらないと会社がダメージを受ける、それを防ぐためのおカネだとすると、法的にはクリアできたとしても、実質的には贈収賄のにおいがしてくる。」（諸井虔・日経連常任理事『エコノミスト』１９９２年12月8日号）。

◆軍需企業（死の商人）の政治献金（２０２１年）

企業献金と国家予算との関係が指摘されています。例えば、軍需企業は戦争とその準備で金もうけをしているので、「死の商人」とも呼ばれていますが、日本の国家予算が高額な政治献金をしている軍需企業に使われている実態を少し見てみましょう。

「国民政治協会」（「国政協」）というのは、自民党のために資金上の援助をする目的を有する「政治資金団体」（政治資金規正法第5条第1項第2号）です。例えば、敵基地攻撃能力の保有など、岸田文雄自公政権が大軍拡路線を突き進み、２０２３年度予算案で軍事費が10兆円を超すなか、２０２３年1月に「しんぶん赤旗」は、護衛艦や潜水艦などを防衛省に納入している軍需産業上位の企業が、２０２１年、「国政協」に1億６０００万円を超す献金をしていたことを報道しました（「軍需上位企業が自民献金1・6億円　21年10社で調達額の6割」しんぶん赤旗２０２３年1月10日）。

この報道によると、防衛省の外局である防衛装備庁が発表している「中央調達の概況」（令和4年版）で公表している２０２１年度の「契約高順位（上位20社）」に名前を連ねている企業の献金額が「国政協」の２０２１年分政治資金収支報告書を調べて明らかになりました。

政治献金額が３３００万円の三菱重工業は契約実績がトップで、契約高は前年より約１５００億円増え、４５９１億円。同年度の政府調達額1兆８０３１億円の25・5％を占めている。また、献

軍需企業（死の商人）の政治献金（2021年）

企業名	政治献金額	契約金額
三菱重工業	3300万円	4591億円
川崎重工業	300万円	2071億円
三菱電機	2000万円	966億円
日本電気	1500万円	900億円
富士通	1500万円	757億円
IHI	1000万円	575億円
SUBARU	1700万円	417億円
日立製作所	4000万円	342億円
小松製作所	800万円	183億円
ダイキン工業	520万円	183億円

出典：「軍需上位企業が自民献金1.6億円 21年 10社で調達額の6割」しんぶん赤旗2023年1月10日

企業名	契約内容
三菱重工業	射程を現在の百数十キロから1000キロ超に伸ばす「12式地対艦誘導弾能力向上型」、音速を超える速度で地上目標を攻撃する「島嶼防衛用高速滑空弾の要素技術」、マッハ5以上で飛行し軌道を自在に変えられる「極超音速誘導弾要素技術の研究試作」などを納入
日立製作所	中距離地対空誘導弾（改善型）、ネットワーク電子戦システム、空対空誘導弾などを納入
日立製作所	サイバー防護分析装置の借り上げ、掃海艇ソナーシステムなど

金額が２０００万円の三菱電機は５・４％を占めているのです。

政治献金が確認できたのは10社で、あわせて１億６６２０万円を政治献金しており、この10社で、政府調達額の61％を占めていました。

◆「国政協」が「日建連」に政治献金を「請求」

次に、税金が投入される公共事業を請負っている企業が自民党や前述の「国政協」の要請に基づき政治献金し、税金が自民党・国政協に還流している事態について詳しく紹介しましょう。

一般社団法人「日本建設業連合会」（「日建連」）は、そのウェブサイトの「目的・事業」のページの説明によると、「平成23年４月１日、建設業界が大きな転換期を迎えつつある今、建設業団体としての機能を一層強化・拡充し、建設業の発展に向けた活動をより強力に展開するため、日本建設業団体連合会（旧日建連）、日本土木工業協会（土工協）、建築業協会（建築協）の３団体が合併し、日本建設業連合会（新日建連）として新たな活動を開始し」ている法人です。

また、同じく「日建連の社会貢献活動」のページによると、「当会では、各種の社会貢献活動に関して、寄付要請の受付（日本経団連を経由した案件に限る）、要請議案の協議、協力の実施を目的として、１９６８年に『社会貢献活動協議会』を設立しました。原則として日建連の正会員である、本会の趣旨に賛同する法人会員をもって構成しています。」と明示されています。ここでいう「寄付要請の受付（日本経団連を経由した案件に限る）」は、事実上「国政協からの寄付要請の受付」を含意しているのでしょう。

さらに、同じく「日建連会員93社対象調査」として「（1）発注者別調査」を公表しており、その中の「年度別時系列（２０２２年度）」を見ると、２０１３年度以降の毎年度における、「国の機関」が発注者で「日建連」会員会社が受注している公共事業総額も、明示されていました。その総額だけをピックアップすると、以下のように毎年度２兆円から３兆円もあるのです。

「しんぶん赤旗日曜版」（２０１３年７月７日号、同月14日号）のスクープ報道によると、自民党は、

２０１３年２月、当時の幹事長、総務会長、政務調査会長、財務委員長、経理局長の連名で、「日建連」に対し文書を送付し、また、自民党の政治資金団体「国政協」も、同年同月、「日建連」に対し文書を送付していました。

以上の二つの文書は、事前に自民党と「国政協」が相談して作成・送付されたものであり、かつ、「日建連」へのお願いの文書というよりも、まるで「日建連」への請求書のような文書でした。

自民党が「日建連」に送付した当該文書によると、アベノミクスの「３本柱」の政策を説明し、「夏には、参議院選挙が行われます」と明記したうえで、「国政協」からの「お願い」に「御高配」を、と要求していたのです。

「国の機関」が発注者で「日建連」会員会社受注総額（2013年度～2022年度）

年度	「日建連」会員会社受注総額
2013年度	2兆4992.0億円
2014年度	3兆2005.7億円
2015年度	2兆7515.8億円
2016年度	2兆9290.7億円
2017年度	2兆7009.0億円
2018年度	2兆5322.2億円
2019年度	2兆2473.6億円
2020年度	2兆9657.9億円
2021年度	2兆5239.4億円
2022年度	2兆8491.3億円

そして、「国政協」が「日建連」に送付した当該文書によると、「自由民主党は、…『強い経済』を取り戻すとともに『強靭な国土』の建設へと全力で立ち向かっております。」「その自由民主党を支え、政策遂行を支援するため」として、「諸般の事情をご賢察の上、何卒よろしくご協力を賜りますようお願い申し上げます。」として何と「金四億七千壱百萬円　也」と記されていました。

以上によると、自民党と「国政協」は、連携して「日建連」

に上記各文書を提出しているので、「日建連」としては、両者を事実上一体であると認識したに違いありません。自民党は2013年夏の参議院選挙を明示し、「国政協」は高額な寄附金額まで明記して寄附をまるで請求しているかのようですから、「日建連」側は、自民党も「国政協」も参議院選挙を前に強く寄附請求したと認識したはずです。

「国政協」は、2013年だけではなく、その前年も、その後も、「日建連」に対し寄附の強い勧誘又は要求を続けていたことが「日建連」の複数の内部文書によって確認できます。これを入手して紙面で紹介したのも「しんぶん赤旗日曜版」（2023年7月2日号）のスクープ報道でした。

まず、内部文書の一つである、「日建連」の社貢協「【取扱注意】一般財団法人国民政治協会への対応について」（2022年2月9日）には、「要請額」の欄があり、「国政協」からの寄附金の要請額が明記されており、2012年は4億1955万円、2013年以降2022年まではいずれも4億7100万円と明記されていました。

2013年2月の「要請額」4億7100万円は、前記「国政協」の請求書のような文書に明記された勧誘・要求額と完全に一致するので、2021年も2022年も「国政協」が「日建連」に対し同様の寄附請求であるかのような強い勧誘又は要求を文書または口頭で行なったことがわかります。「国政協」から要請がないにもかかわらず「日建連」の内部文書に「要請額」と明記するはずがありませんから、「国政協」が「日建連」に寄附を要請したことは真実に違いないでしょう。

また、前記「【取扱注意】一般財団法人国民政治協会への対応について」（2022年2月9日）に

「日建連」社貢協「【取扱注意】一般財団法人国民政治協会への対応について」（2022年2月9日）における一覧表

暦年	要請額	目標額（実績額）	対応会社数（構成会社数）
2012年	4億1955万円	2億円（　　5730万円）	18社（45社）
2013年	4億7100万円	3億円（1億2000万円）	28社（51社）
2014年	4億7100万円	4億円（1億7167万円）	32社（52社）
2015年	4億7100万円	4億円（2億0716万円）	41社（55社）
2016年	4億7100万円	4億円（1億9966万円）	40社（55社）
2017年	4億7100万円	4億円（2億4396万円）	45社（56社）
2018年	4億7100万円	4億円（2億5021万円）	48社（58社）
2019年	4億7100万円	4億円（2億5021万円）	47社（57社）
2020年	4億7100万円	4億円（2億5771万円）	48社（57社）
2021年	4億7100万円	4億円（2億5821万円）	50社（57社）
2022年	4億7100万円		社（58社）

実際の一覧表には、金額が千円単位で明記されているが、上脇が万円単位にして記載した

は、２０１２年以降、前記「要請額」の他に毎年の「目標額」や「対応会社数（構成会社数）」も明記されていました。

ということは、「日建連」は、実際に、「国政協」からの要請に対し忠実に応えるために「日建連」内部において「国政協」への寄附の「目標額」を設定し、かつ、日建連「社貢協」構成会社に対し「国政協」への寄附の強い勧誘又は要求を組織的に行なっていたのです。

ただし、「目標額」とは別に「実績額」が明記され、「実績額」が「目標額」よりも少額なので、必ずしも「目標額」通りの寄附が行われたわけではないこともわかります。おそらく要請を受けた「日建連」の「社貢協」構成会社側の社内判断(反対または抵抗)によるものでしょう。

つまり、「国政協」は少なくとも２０１２年

以降毎年行われた「日建連」への寄附「要請」を継続的に行なっていたのです。

そして「国政協」から寄附の要請を受けた「日建連」は、その要請に忠実に応えるために組織として「目標額」を設定して、その「目標額」をできるだけ確実に達成するために日建連「社責協」会社を六つのグループに分類して、そのグループごとに「国政協」への寄附の金額を決定し、「国政協」への寄附の勧誘又は要求を個々・具体的に行なっていたことも以下の内部文書で分かっているのです。

すなわち、その内部文書の一つである「日建連」社責協「2019年例会・事務部会進行シナリオ」（2019－02－19）によると、「1．政治関連案件への対応」の「（1）2019年特別寄付金分担率について」の個所には、「この後の議題でご説明する国政協への政治寄附……のご負担を社責協の皆さんにお願いする際に使用するものとなります。……2019年の政治寄付等については、この分担率でご対応をお願いしたいと思います。」と記載されており、「特別寄付金分担率」は定期改定される「日建連の会費ランク」に合わせたものだ、というのです。

また、前述した「シナリオ」における「（2－②）各社の目安額について」の個所では次のように記載されていました。

「それでは、お手元の分担率に従って、国政協に対する政治寄付の目安金額を第1グループから順に申し上げますので、メモをしていただきますようお願いいたします。（金額を読み上げ）

第1グループ　1800万円、第2グループ　900万円、第3グループ　750万円、第4グループ　600万円、第5グループ　350万円、第6グループ　12万円　です。

「社貢協」構成会社グループ分けと「国政協」への各グループ寄附供与額

グループ分け	寄附額※
第1グループ	1800万円
第2グループ	900万円
第3グループ	750万円
第4グループ	600万円
第5グループ	350万円
第6グループ	12万円

※ただし、実際には割り振られた金額とは違う寄附を行なっている会社もある。

控えていただきましたでしょうか？

なお、例年同様、本日、社貢協の例会が終わったことを国政協に連絡させていただきますので、後日、国政協の担当者から各社をお訪ねしたい旨のアポイントが入ることになります。連絡が入りましたら、ご対応いただきますよう宜しくお願いいたします。」

以上のシナリオにより「日建連」社貢協「２０１９年例会・事務部会」は進行したのですから、例年、「国政協」側と日建連「社貢協」側とが相談して、日建連「社貢協」構成会社に対し「国政協」への寄附目標額を六つのグループに分けて決定してグループごとに寄附額の割り振りがなされ、「国政協」はその連絡を受けて日建連「社貢協」構成会社に連絡をする仕組みになっており、その仕組みを通じて「社貢協」関係会社が「国政協」に寄附することを確実なものにしていることがわかります。

言い換えれば「社貢協」関係会社が「国政協」に寄附することが約束される仕組みなのです。

２０２０年以降も、前述した「目標額」はずっと4億円のままですから、日建連「社貢協」は同様にグループごとに各「社貢協」構成会社に寄附額を割り振り続けたに違いありません。

以上の全情報を総合してまとめると、

①「国政協」は、「日建連」に寄附金総額4億7100万円を明記した請求書のような文書を送付し、
②上記①の文書を受け取った「日建連」は、「社貢協」構成会社を六つのグループに分けて、グループごとに具体的な寄附金額を伝え、
③「国政協」は、上記②について「日建連」から連絡を受け、「日建連」の「社貢協」各構成会社にも寄附額を具体的に明記した請求書のような文書を送付していた。

要するに、「国政協」は、上記①と上記③により、寄附の要請を二重に行なっていたのであり、それにより「国政協」は日建連「社貢協」各構成会社との間で寄附の約束を取り付け、「社貢協」各構成会社から確実に寄附金を受け取ろうとしたわけです。

私は「国政協」の2021年分収支報告書を調べました。「国政協」に寄附をしたと記載された法人（会社）のうち、寄附の授受の当時「国の機関」を発注者とする公共工事を請負っていた会社をピックアップしました（寄附は行っているが公共工事の請負を確認できなかった企業は除いています）。すると、前述の寄附額「1800万円（第1グループ）」は5社、同「900万円（第2グループ）」は6社、同「750万円（第3グループ）」は1社、同「600万円（第4グループ）」は5社、同「350万円（第5グループ）」は4社などであったことを確認したのです。

「国政協」に対し計55社で2億5692万円の寄附が行われていました。

寄附した企業についてはその寄附額と寄附日のほか、その企業の所在地を紹介しますが、番地については省略します。

「国政協」の2021年分収支報告書に記載された法人（寄附の授受の当時「国の機関」を発注者とする公共工事を請負っていた会社）寄附収入まとめ

寄附金額	会社数	寄附合計額
1800万円（第1グループ）	5社	9000万円
900万円（第2グループ）	6社	5400万円
750万円（第3グループ）	1社	750万円
600万円（第4グループ）	5社	3000万円
350万円（第5グループ）	4社	1400万円
350万円超600万円未満	8社	3361万円
200万円以上350万円未満	5社	1155万円
100万円以上200万円未満	11社	1388万円
12万円超100万円未満	5社	198万円
12万円（第6グループ）以下	5社	40万円
総計	55社	2億5692万円

「国政協」の2021年分収支報告書に記載された1800万円法人寄附収入（寄附日の早い順）

寄附者の名称	寄附金額	寄附年月日	寄附者の所在地
大成建設（株）	1800万円	2021年4月23日	東京都新宿区西新宿
鹿島建設（株）	1800万円	2021年4月28日	東京都港区元赤坂
（株）竹中工務店	1800万円	2021年6月30日	大阪市中央区本町
（株）大林組	1800万円	2021年9月15日	東京都港区港南
清水建設（株）	1800万円	2021年12月27日	東京都中央区京橋
計	9000万円		

「国政協」の2021年分収支報告書に記載された900万円法人寄附収入（寄附日の早い順）

寄附者の名称	寄附金額	寄附年月日	寄附者の所在地
（株）安藤・間	900万円	2021年3月12日	東京都港区赤坂
西松建設（株）	900万円	2021年3月31日	東京都港区虎ノ門
前田建設工業（株）	900万円	2021年3月31日	東京都千代田区富士見
（株）奥村組	900万円	2021年5月31日	大阪市阿倍野区松崎町
五洋建設（株）	900万円	2021年6月30日	東京都文京区後楽
東急建設（株）	900万円	2021年7月30日	東京都渋谷区渋谷
計	5400万円		

「国政協」の2021年分収支報告書に記載された750万円、600万円法人寄附収入（寄附日の早い順）

寄附者の名称	寄附金額	寄附年月日	寄附者の所在地
（株）淺沼組	750万円	2021年7月30日	大阪市浪速区湊町
佐藤工業（株）	600万円	2021年10月29日	東京都中央区日本橋本町
大成ロテック（株）	600万円	2021年10月29日	東京都新宿区西新宿
（株）竹中土木	600万円	2021年11月30日	東京都江東区新砂
戸田建設（株）	600万円	2021年11月30日	東京都中央区京橋
飛島建設（株）	600万円	2021年11月30日	東京都港区港南
計	**3750万円**		

「国政協」の2021年分収支報告書に記載された350万円法人寄附収入（寄附日の早い順）

寄附者の名称	寄附金額	寄附年月日	寄附者の所在地
ショーボンド建設（株）	350万円	2021年4月30日	東京都中央区日本橋
鹿島道路（株）	350万円	2021年5月31日	東京都文京区後楽
オリエンタル白石（株）	350万円	2021年6月30日	東京都江東区豊洲
日本道路（株）	350万円	2021年9月24日	東京都港区新橋
計	**1400万円**		

「国政協」の2021年分収支報告書に記載された350万円超600万円未満法人寄附収入（寄附額の多い順、寄附日の早い順）

寄附者の名称	寄附金額	寄附年月日	寄附者の所在地
大日本土木（株）	550万円	2021年11月30日	岐阜市宇佐南
（株）NIPPO	500万円	2021年9月10日	東京都中央区京橋
大豊建設（株）	400万円	2021年7月30日	東京都中央区新川
東洋建設（株）	400万円	2021年12月20日	東京都千代田区神田神保町
日本国土開発（株）	400万円	2021年6月30日	東京都港区赤坂
若築建設（株）	400万円	2021年11月17日	東京都目黒区下目黒
岩田地崎建設（株）	3,500,000	2021年4月15日	札幌市中央区北二条東
	60,000	2021年4月28日	札幌市中央区北二条東
小計	356万円		
伊藤組土建（株）	3,500,000	2021年3月25日	札幌市中央区北四条
	50,000	2021年10月29日	札幌市中央区北四条
小計	355万円		
合計	**3361万円**		

「国政協」の2021年分収支報告書に記載された200万円以上350万円未満法人寄附収入（寄附額の多い順、寄附日の早い順）

寄附者の名称	寄附金額	寄附年月日	寄附者の所在地
鉄建建設（株）	300万円	2021年3月31日	千代田区神田三崎町
（株）不動テトラ	250万円	2021年11月24日	中央区日本橋小網町
（株）フジタ	50,000	2021年4月28日	渋谷区千駄ヶ谷
	2,000,000	2021年10月29日	渋谷区千駄ヶ谷
小計	205万円		
（株）ピーエス三菱	200万円	2021年7月30日	中央区晴海
三井住友建設（株）	200万円	2021年9月17日	中央区佃
合計	**1155万円**		

「国政協」の2021年分収支報告書に記載された100万円以上200万円未満法人寄附収入（寄附額の多い順、寄附日の早い順）

寄附者の名称	寄附金額	寄附年月日	寄附者の所在地
（株）福田組	480,000	2021年1月25日	新潟市中央区一番堀通町
	480,000	2021年6月30日	新潟市中央区一番堀通町
	990,000	2021年7月19日	新潟市中央区一番堀通町
小計	195万円		
（株）本間組	800,000	2021年3月26日	新潟市中央区西湊町三ノ町
	480,000	2021年6月25日	新潟市中央区西湊町三ノ町
	480,000	2021年12月24日	新潟市中央区西湊町三ノ町
小計	176万円		
（株）大本組	60,000	2021年4月20日	岡山市北区内山下
	1,500,000	2021年5月31日	岡山市北区内山下
	60,000	2021年10月22日	岡山市北区内山下
小計	162万円		
青木あすなろ建設（株）	150万円	2021年7月30日	東京都港区芝
北野建設（株）	1,000,000	2021年6月30日	長野市県町
	50,000	2021年7月26日	長野市県町
小計	105万円		
村本建設（株）	500,000	2021年1月29日	大阪市天王寺区上汐
	500,000	2021年12月24日	大阪市天王寺区上汐
小計	100万円		
株木建設（株）	100万円	2021年5月20日	東京都豊島区高田
日特建設（株）	100万円	2021年8月25日	東京都中央区東日本橋
ライト工業（株）	100万円	2021年9月30日	東京都千代田区九段北
東亜建設工業（株）	100万円	2021年10月29日	東京都新宿区西新宿
（株）鴻池組	100万円	2021年11月15日	大阪市中央区北久宝寺町
合計	**1388万円**		

「国政協」の2021年分収支報告書に記載された12万円超100万円未満法人寄附収入（寄附額の多い順、寄附日の早い順）

寄附者の名称	寄附金額	寄附年月日	寄附者の所在地
（株）植木組	300,000	2021年6月29日	柏崎市駅前
	300,000	2021年12月20日	柏崎市駅前
小計	60万円		
みらい建設工業（株）	60万円	2021年8月25日	東京都港区芝
アイサワ工業（株）	25,000	2021年1月29日	岡山市北区表町
	25,000	2021年2月26日	岡山市北区表町
	25,000	2021年3月31日	岡山市北区表町
	25,000	2021年4月30日	岡山市北区表町
	25,000	2021年5月31日	岡山市北区表町
	25,000	2021年6月30日	岡山市北区表町
	25,000	2021年7月30日	岡山市北区表町
	25,000	2021年8月31日	岡山市北区表町
	25,000	2021年9月30日	岡山市北区表町
	25,000	2021年10月29日	岡山市北区表町
	25,000	2021年11月30日	岡山市北区表町
	25,000	2021年12月28日	岡山市北区表町
小計	30万円		
あおみ建設（株）	30万円	2021年12月10日	東京都千代田区外神田
（株）増岡組	15,000	2021年1月29日	東京都千代田区丸の内
	15,000	2021年2月26日	千代田区丸の内
	15,000	2021年3月31日	千代田区丸の内
	15,000	2021年4月30日	千代田区丸の内
	15,000	2021年5月31日	千代田区丸の内
	15,000	2021年6月30日	千代田区丸の内
	15,000	2021年7月30日	千代田区丸の内
	15,000	2021年8月31日	千代田区丸の内
	15,000	2021年9月29日	千代田区丸の内
	15,000	2021年10月29日	千代田区丸の内
	15,000	2021年11月30日	千代田区丸の内
	15,000	2021年12月28日	千代田区丸の内
小計	18万円		
合計	**198万円**		

「国政協」の2021年分収支報告書に記載された100万円未満法人寄附収入（寄附額の多い順、寄附日の早い順）

寄附者の名称	寄附金額	寄附年月日	寄附者の所在地
三幸建設工業（株）	12万円	2021年4月2日	東京都中央区入船
（株）錢高組	10万円	2021年8月18日	大阪市西区西本町
岩倉建設（株）	6万円	2021年1月25日	札幌市中央区南1条西
勇建設（株）	6万円	2021年7月20日	札幌市中央区 北6条西
馬淵建設（株）	6万円	2021年7月26日	横浜市南区花之木町
合計	**40万円**		

◆最高裁判決

以上、2021年を例にして、税金が投入される公共事業を請負っている企業が「国政協」の要請に基づき政治献金し、税金が自民党・国政協に還流していることを詳しくご紹介しました。それゆえ、企業献金は法律で全面禁止すべきなのです。

一方、企業献金の禁止について問われるたびに岸田首相が俎上に挙げるのが、1970年の八幡製鉄政治献金事件の1970年6月24日最高裁判決大法廷判決です。

しかし、この最高裁判決は、企業献金を容認していましたが、岡原昌男・元最高裁判所長官は「政治改革」が議論されていた1993年に国会で同判決を**「助けた判決」と批判していました**（『第128回国会衆議院政治改革に関する調査特別委員会議事録』第13号1993年（平成5年）11月2日）。

また、この最高裁判決では企業が政治献金をすることを憲法上の政治活動の自由の一環として認めているのですが、憲法学の世界ではこの判決を持ち出すこと自体が不適切として批判されています。企業の政治献金をめぐってはむしろ、南九州税理士会政治献金徴収拒否事件の1996年3月19日最高裁第三小法廷判決の方が支持されています。こちらの判決では、政治献金のために会費の徴収を求められた税理士会員が、献金は会の目的外だと主張して認められています。

「税理士会が政党など規正法上の政治団体に金員の寄付をすることは、たとい税理士に係る法令の制定改廃に関する政治的要求を実現するためのものであっても、……税理士会の目的の範囲外の行為であり、…寄付をするために会員から特別会費を徴収する旨の決議は無効であると解すべきである。」

「法が税理士会を強制加入の法人としている以上、その構成員である会員には、様々の思想・信条及び主義・主張を有する者が存在することが当然に予定されている。したがって、税理士会が右の方式により決定した意思に基づいてする活動にも、そのために会員に要請される協力義務にも、おのずから限界がある。

特に、政党など規正法上の政治団体に対して金員の寄付をするかどうかは、選挙における投票の自由と表裏を成すものとして、会員各人が市民としての個人的な政治的思想、見解、判断等に基づいて自主的に決定すべき事柄であるというべきである。なぜなら、政党など規正法上の政治団体は、政治上の主義若しくは施策の推進、特定の公職の候補者の推薦等のため、金員の寄付を含む広範囲な政治活動をすることが当然に予定された政治団体であり（…）、これらの団体に金員の寄付をすることは、選挙においてどの政党又はどの候補者を支持するかに密接につながる問題だからである。」

私も当然、南九州税理士会政治献金徴収拒否事件の最高裁判決を支持しています。株式会社というのは経済活動をするために株主からお金を集めて設立されています。経済活動のために集めたお金を特定の政党に寄附するというのは、どう考えてもおかしい。定款に記載されていない活動をしてしまっていることになります（法人の権利能力の範囲外）。

また、憲法論としても、株主には与党支持者もいれば野党支持者もいますから、それを一つの政党だけに寄附したら、株主の思想信条の侵害にもなります。「企業が経済に関して政治的発言ができる」からと言って「（党派性を有する）政治献金ができる」というのには論理の飛躍があるのです。

労働組合については、企業内に党派別の労働組合がなければ、労働組合が党派的な政治献金として支出するのは組合員の党派的思想・信条を侵害するから禁止されるべきです。

◆自民党の抵抗で全面禁止できない場合の過渡的次善策

とはいえ、第一党の自民党など財界政党が企業・団体献金を簡単に手放さないのであれば、全面禁止に至るまでの過渡期の制度改革についても考えておくべきです。

それは、せめて過去10年の期間に一度でも公共工事を請負っていた企業が政治献金することについては法律で禁止すべきですし、そのような企業から政治献金を受け取ることも法律で禁止すべきです。

そして、これまで政治献金をしてきた企業は今後10年間如何なる公共工事も請け負うことを法律で禁止すべきです。そのような企業が政治献金すれば、税金が政党に還流することになるから禁止すべきなのです。ここでいう公共工事は、国の公共工事だけではなく、地方の公共工事も含みます。

また、過去10年の期間に一度でも補助金の交付を受けた企業が政治献金することも、そのような企業から政治献金を受け取ることも全面禁止すべきです。ここでいう補助金は国が交付するものだけではなく、地方自治体が交付するものも含みます。国や地方自治体が出資している法人の政治献金も同様に全面禁止すべきです。その場合、補助金の決定自体が独立行政法人であってもその結論を変えず全面禁止すべきです。そうすれば、税金が政党に還流することも遮断できます。

第5章　「合法」的な使途不明金をなくせ！

◆裏金づくりを誘発した「合法」的な使途不明金をなくせ

自民党の派閥の各政治団体による裏金づくりを誘発した制度があります。それが「合法」的な使途不明金（＝裏金）を許容した法律の定めです。

政治資金規正法は「公職の候補者」（現職の政治家を含む）に寄附することを原則として禁止しています（第21条の2第1項）。ですから、派閥の政治団体が所属の国会議員に寄附するのは違法なのです（だから、派閥の政治団体はその寄附を収支報告書に記載しなかったのが真実だったのではないでしょうか）。

ただし、その例外が二つあります。その一つは、立候補者の選挙資金の場合です。企業・団体が立候補者に寄付することは同法で禁止されていますが、企業・団体以外の者（個人、政治団体）が行なう寄附については許容されており、公職選挙法（公選法）により立候補者は選挙運動費用収支報告を義務づけられているものの、その残余金が生じた場合に、その残余金を誰が受け取ったのか、その後何に支出したのか、不明なのです。これについては、残余金の金額は巨額ではないものの、このまま放任すべきではありませんので、法律を改正して残余金の処理を収支報告書で明記するよう義務づけるべきです。

「公職の候補者」への合法な寄附と違法な寄附

寄附供与者	寄附受領者	寄附の目的	合法・違法
政治団体・個人	**公職の候補者**	**政治活動（選挙運動を除く）**	**違法**
政治団体・個人	公職の候補者	選挙運動	合法
政党（本部又は支部）	**公職の候補者**	**政治活動・選挙運動**	**合法**

そのこと以上に問題なのは例外の二つめです。それは、寄附者が「政党」の場合であり、政党が「公職の候補者」に政治活動に関する寄附を行なうことは許容されているのです（第21条の2第2項）。寄附とは「金銭、物品その他の財産上の利益の供与又は交付」で「党費又は会費その他債務の履行としてされるもの以外のもの」です（政治資金規正法第4条第3項）。

この二つめの例外規定により、自民党本部は「組織活動費」「政策活動費」名目で年間に何億円もの政治資金を幹事長など「公職の候補者」に合法的に寄附しているのですが、「公職の候補者」個人の収支報告制度がないので、その後、党幹事長らが何に支出したのか全く分からないのです。こうして「合法」的な使途不明金＝裏金が横行しているのです（ただし、後述するように自民党は高額な「政策活動費」名目の支出を「寄附ではない支出」であると強弁しています）。

たとえば、自民党は１９９８年に「組織活動費」を約70億１３８７万円支出し、そのうち58億５０７０万円は各国会議員に対し支出した旨報告していました。

このうち合計額で大口の受取人を紹介すると、加藤紘一議員に45回合計9億３７１０万円、森喜朗議員に23回計4億１２１０万円、橋本龍太郎議員（故人）に11回計1億３２００万円が支出されていました。1回の大口支払いを紹介すると、奥田幹生議員、関谷勝嗣議員、宮下創平議員に、全く同じ日にそれぞれ1億円ずつ、西田司議員に同日1億２０００万円を、支出していました。しかし、それ以上の報告はなく、高額な「組織活動費」が具体的に何に使われたのか全く不明のままでした。

　１９９９年分の同党の「組織活動費」も、約62億５６４１万円のうち48億４７０万円が各国会議員に対し支出しされていたのですが、全く同様に具体的な支出は不明でした。

　かつて「政治資金オンブズマン」のメンバーが、必ずしも資料が十分とは言えないものの、２００４年までを調査したところによると、自民党が各国会議員に対し支出されていた「組織活動費」は「政策活動費」として名称を変更して継続されており、２０００年は合計約85億円、２００１年は合計約58億円、２００２年は約45億円、２００３年は合計約73億円、２００４年は合計約34億円でした（上脇博之『告発！政治とカネ　政党助成金20年、腐敗の深層』かもがわ出版、２０１５年）。

　以上の寄附については、最終支出先等が不明であるとして、２００１年２月に「株主オンブズマン」のメンバーらで刑事告発しました。その告発の影響もあって、その後、自民党本部が寄附する年間の議員数と寄附額は減少しました。しかし、東京地検は不起訴にしましたので、寄附は継続されています。

　自民党本部は、２０１２年までの野党時代を除くと、年間に約10億円～約20億円を幹事長ら約20人に寄附していますが、相変わ

自民党の「組織活動費」「政策活動費」名目の支出

1998年	58億5070万円
1999年	48億0470万円
2000年	85億0385万円
2001年	58億2051万円
2002年	45億6450万円
2003年	73億1780万円
2004年	34億4720万円

※1999年～2001年は資料が完全ではないため、若干金額に誤差があります

自民党本部の「政策活動費」名目で幹事長らへの支出額と受領議員数（2011年～2022年）

年	政策活動費支出	受領人数	受け取った議員と合計金額（1億円以上に限定紹介）	国政選挙
2011年	5億6670万円	18人	石原伸晃　3億4750万円（幹事長）	
2012年	9億6510万円	19人	石破茂　2億6000万円（9月から幹事長） 安倍晋三　2億5000万円（10月から総裁） 石原伸晃　2億0780万円（9月まで幹事長）	衆院選
2013年	12億9080万円	14人	石破茂　10億2710万円（幹事長）	参院選
2014年	15億9260万円	16人	谷垣禎一　8億5950万円（9月から幹事長） 石破茂　4億6340万円（8月まで幹事長）	衆院選
2015年	12億3920万円	22人	谷垣禎一　7億880万円（幹事長） 茂木敏充　1億5550万円（選対委員長）	
2016年	17億 390万円	19人	谷垣禎一　6億7950万円（8月まで幹事長） 二階俊博　5億250万円（総務会長、8月から幹事長） 吉田博美　1億2000万円（参院国対委員長、7月末から参院幹事長） 茂木敏充　1億190万円（選対委員長、8月から政調会長）	参院選
2017年	19億1730万円	20人	二階俊博　13億8290万円（幹事長） 吉田博美　1億円（参議院幹事長）	衆院選
2018年	12億1320万円	19人	二階俊博　8億3270万円（幹事長）	
2019年	12億9010万円	18人	二階俊博　10億710万円（幹事長）	参院選
2020年	9億8330万円	12人	二階俊博　6億3200万円（幹事長） 福井照　1億4150万円（経理局長）	
2021年	17億2870万円	26人	二階俊博　4億3910万円（9月まで幹事長） 甘利明　3億8000万円（10月・11月幹事長） 茂木敏充　2億4520万円（11月から幹事長） 関口昌一　1億3700万円（参議院議員会長） 遠藤利明　1億1650万円（10月から党選挙対策委員長）	衆院選
2022年	14億1630万円	15人	茂木敏充　9億7150万円（幹事長） 渡辺博道　1億3250万円（経理局長）	参院選

らず、受け取った幹事長ら国会議員には収支報告制度がないので、いつ、何の目的で、誰に支出したのか不明であり、今も使途不明金になっているのです。

なお、自民党総裁が受け取っていたのを私が確認できたのは２０１２年の安倍晋三衆議院議員（故人）だけです。与党になると、総裁は総理として内閣官房報償費（機密費）を受け取るので、自民党本部から受け取る必要がないのではないか、というのが私の見立てです。

以上の自民党本部の「公職の候補者」への寄附金供与は、自民党の政党支部（都道府県支部連合会を含む）でも行われています。その際の寄附支出名目は、「組織活動費」「政策活動費」のほか単なる「活動費」名目で、地元の県議や市議らに寄附されているのです。その代表例が「自由民主党福島県支部連合会」の「組織活動費」名目の寄附です。

このような使途不明金は、帳簿上では政党交付金以外の政治資金ではありますが、おカネには色がついているわけではありませんので実質的には政党交付金（＝税金）です。

以上の「合法」的使途不明金は、派閥の政治団体とその所属議員に重大な影響を与えたのではないでしょうか。「政党に認められているのだから、派閥の政治団体でもやろう」としたのでしょう。こうして裏金はつくられたのではないかと思えてなりません。

ですから、裏金づくりを誘発した条項（第21条の2第2項）を削除し、政党が「公職の候補者」に寄附することも禁止すべきなのです。また、「公職の候補者」への清算を要しない高額な渡切についても、抜け道をなくすために禁止すべきです。

「自由民主党福島県支部連合会」の「組織活動費」名目の大勢の「公職の候補者」への寄附支出

年	支出目的	合計額	備考
2012年	組織対策費	1515.0万円	衆院総選挙
2013年	組織対策費	1930.0万円	参院通常選挙
2014年	組織対策費	4872.8万円	衆院総選挙
2015年	組織対策費	3365.0万円	
2016年	組織対策費	6702.7万円	参院通常選挙
2017年	組織対策費	5065.0万円	衆院総選挙
2018年	組織対策費	4516.0万円	
2019年	組織対策費	7316.0万円	参院通常選挙
2020年	組織対策費	約503.8万円	
2021年	組織対策費	3185.0万円	衆院総選挙

◆使途報告制度のない「調査研究広報滞在費」

また、国会議員が議員としての公務を遂行する上で必要な経費の一部を公金で賄っているものとして、「調査研究広報滞在費」があります。これは、旧「文書通信交通滞在費」です。毎月100万円、年間1200万円が衆参の国会議員に交付されています（国会法第38条、「国会議員の歳費、旅費及び手当等に関する法律」第9条第1項）。

しかし、これは「文書通信交通滞在費」のときから、使途報告制度がなかったので、日本共産党と「日本維新の会」を除き実際何に支出されているのか、全く不明でした。

使途を個別にインターネット公表していた「日本維新の会」の各議員の使途報告書を見ると、本来の目的の枠を超えて違法に支出をしていました（詳細については、上脇博之『日本維新の会の「政治とカネ」』日本機関紙出版センター、2022年）。

それを許さないために、法律を改正して、どのようなものに支出すべきであり、政治活動や選挙運動活動などに支出してはいけない等、使途基準を明確にし、使途報告書を作成して提出するよう義務づける必要があります。

なお私は、会派に所属議員一人につき月65万円（年間780万円）が所属議員数に応じて交付される「立法事務費」と統合して使途報告するようにすべきだと考えています。「立法事務費」は政党本部などの政治資金収支報告書に収入として記載されていますが、本来政治活動のために交付されたものではなく国会活動のために交付された公金なので、同じく国会活動のために交付される「調査研究広報滞在費」と統合して、交付先を各会派に一本化して使途報告させるべきです。

◆内閣官房機密費

「内閣官房報償費」は、公金です。いわゆる内閣機密費と呼ばれ、その使途は、会計検査院でさえもチェックできない運用になっています。そのため、財政法によると公金は目的外支出を禁止しているにもかかわらず、「内閣官房報償費」が目的外支出されているのか全く確認できません。

過去には、財政法に違反する党派的な支出（まるで自民党の政治資金であるかのような支出）がなされているとの疑惑も報道されました。

2001年には外務省職員の機密費詐取事件がマスコミで報じられ、それが「組織ぐるみ」の機密費流用および機密費の官邸への「上納」問題へと発展して行きました。

同年2月には、竹下登内閣（1987年11月6日〜1989年6月3日）の小渕恵三内閣官房長官から宇野宗佑内閣（1989年6月3日～同年8月10日）の塩川正十郎内閣官房長官への「引継ぎ文書」（いわゆる古川ペーパー）が国会で取り上げられました。これは、機密費が外務省から内閣官房に約15億円「上納」されたという疑惑を裏付けるものではないか、かつ、機密費が消費税の導入等のために「上納」額を5億円上乗せして投入されたのではないかと、国会で追及され、マスコミも注目しました（例えば、これは「内閣官房　機密費文書　志位委員長の国会追及　テレビ朝日系　ニュース番組が検証」しんぶん赤旗2001年2月21日）。

また、その翌2002年4月には、そのほぼ10年前の宮沢喜一内閣（1991年11月5日～1993年8月9日）で加藤紘一衆議院議員が官房長官を務めていた時期（1991年11月～1992年12月）の内閣官房報償費のごく一部（14カ月分で約1億4380万円）についての内部文書が国会で取り上げられ、報償費の使途としては相応しくない「国会対策費」等に支出されているのではないかと追及が行われ、マスコミもこれに注目し報じました（「共産党がスッパ抜いた　官房機密費　デタラメ使途を全公開！」Web現代2002年4月17日）。

内閣官房報償費には支出の目的別に「政策推進費」「調査情報対策費」「活動関係費」の三つの類型があります。

①「政策推進費」とは「内閣官房長官が、政策を円滑かつ効率的に推進するために機動的に使用するもの」であり、官房長官「自ら出納管理を行い、直接相手方に渡す経費」。

これは、「非公式の交渉や協力依頼に際して関係者の合意や協力を得るための対価」、「有益な情報を得るために支払われる対価」です。公式の金銭出納帳はなく、領収書なしも可能とのことです。闇

1989年（平成元年）度分の使用状況

区分	予算額	備　考
1. 経常経費	6億円	総理・長官等の諸経費、官邸会議費、慶弔、国公賓接遇費、総理・長官主催接宴費等
2. 官房長官扱	16億円	内政・外交対策費
3. 官房長官予備費	5億円	
4. 特別経費	5億2800万円	**自民党外交対策費**、夏季・年末経費、総理外遊経費、その他
合計	32億2800万円	

※1989年5月に作成された竹下登内閣の小渕恵三内閣官房長官から宇野宗佑内閣の塩川正十郎内閣官房長官への引継ぎ文書（時、首席内閣参事官だった古川貞二郎氏の作成ではないか。古川ペーパー）

ガネまたは裏金になっていると表現しても過言ではありません。

②「調査情報対策費」とは「内閣官房長官が、政策を円滑かつ効率的に推進するための必要な情報を得る目的で使用するもの」であり、官房長官自らではなく「事務補助者をしてその出納管理に当たらせる経費」。

これは、「情報提供の対価」（支出先は情報収集・協力依頼の相手方）、「情報収集のための会合の経費」（支出先は会合

1991年11月～1992年12月内閣官房報償費の一部の支出内訳（宮沢喜一内閣、加藤紘一官房長官）

支出	内訳（概算）
パーティー	3028万円
手当	3050万円
国対	2521万円
香典	243万円
餞別	2043万円
経費	1298万円
花	113万円
結婚式	60万円
御祝	120万円
見舞・出張	103万円
小計	1億2579万円
その他	1807万円
合計	1億4386万円

事業者で、料亭、ホテル等）です。

③「活動関係費」とは「政策推進、情報収集等の活動を支援するために内閣官房長官が事務補助者をして出納管理に当たらせる経費」。

これは、「交通費」（支出先は交通事業者で、タクシー、ハイヤー等）、「会合費」（支出先は会合事業者で、料亭、ホテル等）、「書籍類」（支出先は書店）、「活動経費」（支出先は情報収集・協力依頼の相手方で、相手の経費のまとめ払い）、「贈答品」（支出先は事業者）、「謝礼」（支出先は情報収集・協力依頼の相手方）、「慶弔費」、「支払関係費」（支出先は銀行等の金融機関で、振込手数料）です。

今では、年間12億円の官房報償費のうち、官房長官がひとりで管理する「政策推進費」がその9割超もあるようです（最高裁第２小法廷２０１８年１月19日判決により原告（私）の一部勝訴の結果、開示された使途文書で判明しました）。

過去には、内閣官房報償費が報道機関の記者、政治評論家らにも手渡され、世論誘導にも悪用されたとの疑惑もありますし、また、選挙の裏金としても投入されたとの疑惑もあります。２０１３年の参議院通常選挙に安倍晋三総理総裁が自民党の立候補者に１００万円ずつ現金を配ったと「中国新聞」が元官房長官の証言をスクープ報道しました（「安倍氏、２０１３年参院選で候補者に現金１００万円　『裏金』か」中国新聞（２０２４年５月９日）。

これでは内閣官房の本来の公務のために支出されているとは言えず、目的外の支出、つまり、財政法違反ではないでしょうか。

内閣官房報償費の目的類型、各出納管理者・内容・支出先

目的別	出納管理者	内　容	支出先
政策推進費	内閣官房長官	関係者の合意や協力を得るための対価	合意・協力者
		有益な情報を得るために支払われる対価	情報提供者
調査情報対策費	事務補助者	情報提供の対価	情報収集・協力依頼の相手方
		情報収集のための会合の経費	会合事業者（料亭、ホテル等）
活動関係費	事務補助者	交通費	交通事業者（タクシー、ハイヤー等）
		会合費	会合事業者（料亭、ホテル等）
		書籍類	書店
		活動経費	情報収集・協力依頼の相手方
		贈答品	事業者
		謝礼	情報収集・協力依頼の相手方
		慶弔費	慶弔の相手方
		支払関係（振込手数料）	銀行等の金融機関

内閣官房報償費の支出実態が不明なので、その廃止を言うことはできませんが、せめて目的外支出を防止する必要があります。それゆえ、使途内容の機密度に合わせて、将来何年後には使途を公表するかを決め、必ず使途を将来公表するように改めるべきです。そうでなければ、与党の事実上の裏金として使われていても、主権者はそれをチェックできないからです（内閣官房報償費の詳細については、上脇博之『内閣官房長官の裏金　機密費の扉をこじ開けた4183日の闘い』日本機関紙出版センター、2018年）。

菅義偉　官房長官殿

内閣官房報償費の根本的見直し要求書

2018年3月20日

内閣官房報償費情報公開請求原告団（上脇博之・松山治幸）
同弁護団（代表阪口徳雄、徳井義幸、谷真介、前川拓郎、矢吹保博、髙須賀彦人）

はじめに

私達は10年余かかって、官房長官が支出する内閣官房報償費に関して情報公開請求を行ってきました。本年1月19日に最高裁は政策推進費受払簿等の公開を命じました。この裁判の中で内閣官房報償費は決して国民の為に支出していない可能性があることなども判明しました。その経験から次の通り、貴殿に官房報償費の見直しをするよう要請する次第です。これらの見直しはいずれも立法措置を要せず、官房長官さえその気になれば実行できる措置です。

すなわち、現行の内閣官房報償費の管理に関する規定は、法律でも政令でもなく、官房長官限りで決定している基本方針によっているからです。

1　政策推進費の抜本的見なおし

（1）政策推進費の支払いについて

①　現状のような政策推進費の官房長官による支出の管理状況〜支払い時期、金額、相手方の記帳がない、領収書も不要〜ではいわば闇カネ化しており、マスコミで報道されているような違法な支出であっても事後的にも何の検証もできない。そこでこのような闇カネの「政策推進費」の管理実態を改めないのであれば、直ちに廃止すべきである。

②　仮に存続するならば「内閣官房報償費の執行にあたっての基本的な方針」に、日本国の国会議（与野党を問わない）及び公務員（国家公務員及び地方公務員）に対する政策推進費の支払を廃止する旨の定めをする。

政策推進費とは、「施策の円滑かつ効果的な推進のため、官房長官としての高度な政策的判断により、機動的に使用することが必要な経費」として、官房長官自らが相手方に交付する金である。

国会議員・公務員らからの情報の収集や政府の政策推進のための合意に向けての話し合いなどは違法ではなく、その場所として料亭などを利用することもありえる。

しかし、国会議員や公務員らからの情報収集や政府の政策への合意・協力に対して内閣官房長官がカネを払うことは、情報提供・政府の政策に賛成・協力してもらうための買収に他ならず、場合によっては違法であり、また、民主主義国家ではあってはならないことである。

③ 外国人や民間人に対しての政策推進費の支払いは、内閣官房長官の判断で支払いすることまで禁止はしない。ただ、民間人であっても、評論家やマスコミ関係者への支払いは、世論を「誤導」する危険性があるので禁止すべきである。

(2) 政策推進費の支出の情報公開の拡大について

① 政策推進費の支出内容については、官房長官が、目的、相手方、金額、支出日を記帳することにし、『秘匿性の程度』によって5年、10年、25年後に、公開を行うこととする旨を前記「基本的な方針」に定める。

② 前項の事後的公開時期は支出対象ごとに、官房長官が5年後、10年後、25年後、に分類する。ただし、官房報償費の情報公開請求があった時には、第3者委員会（外部委員3名程度）が内閣官房長官の上記分類が相当かどうか審査して開示期間を決定する。

③ 最高裁判決どおり、現在、内閣官房において作成されている「政策推進費受払簿」等は、公開する。

2 調査情報対策費の公開（部分開示の活用）

調査情報対策費とは、「施策の円滑かつ効果的な推進のため、その時々の状況に応じ必要な情報を得るために必要な経費」と言われ、官房長官が指名した事務補助者をして支払させるカネである。

調査情報対策費は『会合費』が大半であり、『秘匿するべき情報入手の直接の相手方』ではなく、いわば間接情報でしかない。会合の場所を明らかにすると、今後2度と同じ場所を使用できない場合又は会合場所の開示により相手方の開示と同等に相手方が推認できる場合などが仮にあるとすれば、受け取った民間業者の氏名、住所をマスキングすれば足りる。日時、金額は公開するという部分開示を行うべきである。

なお、上記『会合費』のマスキング部分及び民間人からの情報収集の『対価』については、前記1（2）と同様の事後開示とする。この期間は5年、10年程度とすべきであり、25年などは『非公開』に等しい。

3　活動関係費の公開（部分開示の活用）

活動関係費とは、「上記1及び2を行うにあたり、これらの活動が円滑に行われ、所期の目的が達成されるよう、これらを支援するために必要な経費」と言われ、現実は、『交通費』『会合費』『書籍費』『活動経費』『贈答品』『謝礼』『慶弔費』『支払関係費＝銀行振込手数料』である。

これらは原則公開する。相手方を公開しても調査情報対策費ほど情報の収集の弊害になるほどではなく、今後2度と同じ方法で情報の収集が不可能となるわけではないからである。ただし、特別な場合があるとすれば相手先をマスキングできる。

なお、このマスキングした部分の事後開示期間は、最大3年、5年程度とすべきである。

第6章　政治資金の透明度を高めるべき！

◆政治団体の種類と支出の透明度の違い

前章までに指摘した使途不明金が許容されてしまうとその結果として裏金がつくられてしまうのですから、議員は意識の中で、どこかで「別に裏金をつくりたい」と思い、実行してしまいかねません。ですから徹底して使途不明金の途をなくさなければなりません。

以上のような収支報告制度がない場合とは違い、収支報告制度がありながら、政治団体によって支出の透明度が制度上違うことを利用して、支出の明細を収支報告書に記載することを回避するという問題があります。そのことを説明するためには、まず、支出の透明度が違う政治団体の種類について説明しましょう。

政治資金規正法によると、支出の透明度の違いで、政治団体には、「国会議員関係政治団体」、そうでない「資金管理団体」（国会議員ではない地方の政治家が代表の政治団体）、「その他の政治団体」という種類があります。「国会議員関係政治団体」が一番高い透明度であり、一番透明度が低いのが「その他の政治団体」です。

政治団体の支出は、「経常経費」と「政治活動費」に大きく分かれます。「経常経費」とは、人件費、光熱水費、事務費、事務所費などで、「政治活動費」には組織活動費、選挙関係費、宣伝費、寄付金

「支出」の明細記載義務の違いにとって重要である政治団体の種類

資金管理団体	「公職の候補者が、その代表者である政治団体のうち、その者のために政治資金の拠出を受けるべき政治団体と指定したもの」
国会議員関係政治団体	・「衆議院議員又は参議院議員に係る公職の候補者が代表者である政治団体」 ・「租税特別措置法41条の18第1項第4号に該当する政治団体のうち、特定の衆議院議員又は参議院議員に係る公職の候補者を推薦し、又は支持することを本来の目的とする政治団体」 ・「政党の支部で、衆議院議員又は参議院議員に係る選挙区の区域又は選挙の行われる区域を単位として設けられるもののうち、衆議院議員又は参議院議員に係る公職の候補者が代表者であるもの」
その他の政治団体	政党本部、政党支部（上記国会議員関係政治団体の選挙区支部を除く）、派閥の政治団体、業界の政治団体、勝手連の後援会など

などがあります。「経常経費」の中では、「人件費」が最もブラックボックスで、「国会議員関係政治団体」であっても「人件費」だけは総額を記載するだけです。

「国会議員関係政治団体」は、人件費を除き、「経常経費」も「政治活動費」も「1万円を超える支出」をした場合、いつ、誰に、何の目的で、幾ら支出したのか、収支報告書に記載しなければなりません。

一方、「国会議員関係政治団体」以外の政治団体のうち「その他の政治団体」は、「人件費」以外の「経常経費」もそれぞれ総額だけを記載すればよくて、「政治活動費」の支出額が「5万円以上の支出」についてのみ明細を書くことになっています。

支出明細が記載されている支出については、収支報告書を提出とともに、その支出を証する領収書の写しも提出しなければなりません。収支報告書は総務省と都道府県選管の各ウェブサイトでインターネット公表されていますが、領収書の写しはインターネット公表

「支出」の明細記載および領収書の写しの添付の基準

		国会議員関係政治団体（2009年分から）	資金管理団体（国会議員関係政治団体以外。2008年分から）	その他の政治団体（国会議員関係政治団体・資金管理団体以外）
経常経費	人件費	×	×	×
	光熱水費	1万円超（その領収書等の写しの情報開示あり）	5万円以上（その領収書等の写しの情報開示あり）	×
	備品・消耗品費			
	事務所費			
政治活動費	組織活動費	1万円超（その領収書等の写しの情報開示あり）	5万円以上（その領収書等の写しの情報開示あり）	5万円以上（その領収書等の写しの情報開示あり）
	選挙関係費			
	機関紙誌発行その他事業費			
	調査研究費			
	寄附・交付金			

出典：総務省自治行政選挙部政治資金課「政治資金規正法のあらまし」の一覧表を参照に上脇が簡略作成

されていないので、情報公開請求しなければ入手できません。「国会議員関係政治団体」は、さらに、1万円未満であっても、少額領収書の情報公開請求制度があり、国民から請求があると、総務大臣または都道府県選挙管理委員会から「保存している1万円以下の部分に関しても領収書を開示してください」と言われるので、「国会議員関係政治団体」は、1万円以下の支出を証するよう領収書の写しを総務大臣または都道府県選挙管理委員会に提出しなければなりません。それは請求した国民に開示されます。

ですから、「国会議員関係政治団体」は透明度が高く、「その他の政治団体」は透明度が低いのです。この点でいうと、政党も「その他の政治団体」と同程度の透明度です。ただし、国会議員が代表になっている選挙区支部は「国会議員関係政治団体」になります。

◆「国会議員関係政治団体」から「その他の政治団体」への資金移動

以上の透明度の違いを悪用して、国会議員は、透明度が高い「国会議員政治団体」から、透明度の低い「その他の政治団体」に政治資金を移すのです。そうすると、使途について明細を書かなくて済むわけです。私が調べてみると、政治資金を移す前の政治団体と、移した後の政治団体の事務所が同じ、あるいはまた、会計責任者または事務担当者らが同一人物であることがしばしばあります。ただし、名目上、代表者を違う人にしているので要注意です。

例えば、自民党の茂木敏充幹事長の資金管理団体は、使途公開基準の緩い政治団体「茂木敏充後援会総連合会」に毎年多額の資金を寄附して支出の具体的な内容が分からなくなっています。具体的には、寄附による資金移動が２００９～22年の14年で4億４０００万円に上り、「茂木敏充後援会総連合会」の支出のうち使途明細がない割合は09年と12年を除き毎年90％を超え、全体で94・４％を占めたと報道されました（「茂木氏団体、資金移動は4億円超　使途公開基準緩い後援会組織に」共同通信２０２４年3月6日20時46分）。

よく「法律を勘違いしていました」なんて言い訳をする議員がいますが、嘘です。法律を熟知しており、法律の網目をくぐって、都合良く政治資金を運用しているのです。

◆防止策

それゆえ、それを防止する必要があります。一番簡単なのは、すべての政治団体を「国会議員関係政治団体」と同じ支出明細記載基準にする方法です。言い換えれば、「国会議員関係政治団体」をなくして全ての政治団体の透明度を「国会議員関係政治団体」と同じにするのです。

二つめに考えられるのが、「国会議員関係政治団体」を「政治家関係政治団体」にして、国会議員やその候補者だけではなく、地方議員や地方知事・市長村長とその候補者の政治団体まで「国会議員関係政治団体」と同じ支出明細基準にする方法です。

三つめは、「国会議員関係政治団体」との間で政治資金の移動のあった「政治団体」を「国会議員関係政治団体」とみなす方法です。その資金移動については、寄附金だけではなく、政治資金パーティー等の事業会費の支払いも含める方がよいでしょう。「国会議員関係政治団体」から資金の提供を受けた政治団体も、あるいは「国会議員関係政治団体」に資金を提供した政治団体も、「国会議員関係政治団体」と見なして、支出の透明度を高めるのです。

私は、二つめと三つめの各改善策を一緒に進めるべきだと考えています。つまり、国会議員、地方議員、首長（都道府県知事、市長）の政治団体を「政治家関係政治団体」として、そこから資金を受けた政治団体も、そこに資金を提供した政治団体も「政治家関係政治団体」と見なし、現在の「国会議員関係政治団体」と支出明細記載基準を採用するのです。

人件費については、プライバシーの保護も必要なので、明細まで記載することを要求しませんが、せめて常勤職員への給与と非常勤職員の給与とを区別して記載するようにし、かつ各職員の人数は記載するように法律改正すべきだと考えています。ただし、その給与を受け取ったのが政治家やその家族である場合には、明細を記載すべきです。また、税金が原資の政党交付金から給与が支払われた場合には、職員ごとの明細を記載すべきです（政党交付金以外の政治資金からであれば前述の通りです）。

国会議員や地方の政治家は、一つの政治団体に限定すべきだという意見もあるでしょうが、日本国憲法が結社の自由を保障しているので、一つに限定するのはできないでしょう。私はむしろ、違憲・違法な政治資金を法律で禁止して、政治資金を絞る議論をすべきだと考えています。たくさん政治団体を持つ議員は、政治資金が豊富だから、ヤバイお金の使い方をしたいわけです。豊富な政治資金の原因は、違憲・違法な資金（政党交付金、企業・団体献金）です。これらの資金源を法律で禁止して認めなければ、ヤバイお金の使い方も簡単にはできなくなるでしょう。そうやって、追い込む方法を私は主張しているのです。

第7章　１９９４年「政治改革」の失敗は明らか！

◆今の自民党の「政治とカネ」事件の背景

１９５５年以降、自民党は一時期を除き政権政党であり続けてきましたので、55年体制以降の「政治とカネ」事件の歴史は、自民党の歴史であるともいえます。大きな視点でいえば、自民党の「政治とカネ」事件を過去と現在を比較すると、異同が見えてきます。

自民党議員に遵法精神がなく目的のためには手段を択ばないという点では共通する点もあるのですが、異なる点もあります。

それについて説明するために、１９９４年の「政治改革」の内容について確認しておきましょう。まず、衆議院議員を選出する選挙制度は準比例代表制としての機能を果たしてきた中選挙区制から小選挙区選挙中心の小選挙区比例代表並立制に改変されました。それゆえ参議院議員を選出する選挙制度と類似したものになりました。政治資金についていえば、税金を原資とした政党交付金制度が新しく導入され、それは衆参の選挙結果に連動する仕組みになっていました。また、企業献金は一部規制されたものの温存され続けたのです。

私は、以上の１９９４年「政治改革」前と後を比較して「政治とカネ」事件の異同を見るべきだと考えています。

１９９４年「政治改革」前であれば、「政治とカネ」事件は特に高度経済成長の中で起きていますが、今の事件は、バブル経済がはじけ、自民党員が激減している中で起きています。衆議院小選挙区選挙・参議院選挙区選挙は民意を歪曲するので私見では憲法違反の制度であり、そのお陰で、自民党は、得票率よりもはるかに高い議席占有率を獲得して過剰代表され、一時期を除き過半数の得票率がないのに政権の座に居座り続けることができてきました。１９９４年の「政治改革」前でも自民党は過剰代表されてきましたが、１９９４年の「政治改革」以降、過剰代表に拍車がかかったのです。

自民党は税金を原資とした政党交付金に依存する国営政党になっていながら、庶民には自己責任を強制し、セーフティーネットを破壊し続けてきました。自民党総裁選挙もあって、総理・総裁の権限は強化されましたので、福祉国家政策を否定した「構造改革」という名の新自由主義を簡単に強行でき、一生懸命働いても貧困状態にあるワーキングプアの貧困層を大量に生み出し、日本社会を格差社会にしてきました。これが１９９４年「政治改革」の本音であり、アメリカや経済界からすると大成功でした。

しかし、その結果、自民党員は激減しました。自民党員は１９９１年に約５４７万人だったのですが、自民党の分裂に加え、福祉国家政策を否定した新自由主義政策の強行の結果、第二次安倍政権が生まれた２０１２年末には73万人台に激減しました。今の自民党は、かつての「総合病院」としての政党ではなくなっているのです。

それでも、自民党の国会議員は、衆参の国政選挙で勝利しようとして、有権者や運動員を買収する、

過去の衆議院総選挙における「小選挙区選挙」での第一党の選挙結果

総選挙年	議員定数	第一党	当選者数	議席占有率	得票率
1996年	300	**自民党**	169人	56.3%	38.6%
2000年	300	**自民党**	177人	59.0%	41.0%
2003年	300	**自民党**	168人	56.0%	43.9%
2005年	300	**自民党**	219人	73.0%	47.8%
2009年	300	民主党	221人	73.7%	47.4%
2012年	300	**自民党**	237人	**79.0%**	**43.0%**
2014年	295	**自民党**	222人	75.3%	48.1%
2017年	289	**自民党**	215人	74.4%	47.8%
2021年	289	**自民党**	187人	64.7%	48.1%

2012年衆院選以降の自公与党の衆院比例代表得票率（過半数の得票率のない与党）

年	政党名とその得票率		
2012年	自民党	公明党	合計
	27.62%	11.83%	**39.45%**
2014年	自民党	公明党	合計
	33.11%	13.71%	**46.81%**
2017年	自民党	公明党	合計
	33.28%	12.51%	**45.79%**
2021年	自民党	公明党	合計
	34.66%	12.38%	**47.04%**

2013年以降の参議院通常選挙における「選挙区選挙」での第一党の結果

年	事実上の議員定数	第一党	当選者数	議席占有率	得票率
2013年	73	自民党	47人	64.38%	42.7%
2016年	73	自民党	36人	49.32%	39.94%
2019年	74	自民党	38人	51.35%	39.77%
2022年	75	自民党	45人	60.00%	38.74%

参議院議員は半数改選なので、通常選挙では法律上の議員定数の半分が事実上の議員定数となる。

2013年以降の参議院通常選挙における「比例代表選挙」での連立与党の得票率

2013年	自民党	公明党	合計
	34.68%	14.22%	**48.90%**
2016年	自民党	公明党	合計
	35.91%	13.53%	**49.44%**
2019年	自民党	公明党	合計
	35.37%	13.05%	**48.42%**
2022年	自民党	公明党	合計
	34.43%	11.66%	**46.09%**

あるいは、日ごろからその一歩手前の公職選挙法違反の寄附を有権者に行なってきたのです。それを可能にしたのは、潤沢な政治資金であり、高額な使途不明金（裏金）でした。

自民党の政治資金は、第1部でも指摘したように、政党交付金のほか、企業からの政治献金などのお陰で、バブル経済時代の1980年代後半よりも多いのです。バブル経済は弾けたのに、自民党本部の政治資金はバブル状態なのです。それゆえ、一般庶民から政治資金を集める努力をしなくても政治資金は十分確保できました。だから、前述の買収や違法寄附という違法行為が可能だったのです。こうして高度経済成長の時代とは異質の「政治とカネ」事件を引き起こしてきました。

以上が「政治とカネ」事件についての私の見立てです。

◆「政治改革」の建前とその失敗

1994年「政治改革」は、その前にリクルート事件やゼネコン汚職事件などが発覚し、それに対処するというのが建前でした。それゆえ1994年「政治改革」の建前は、前述の本音とは違い、金権政治を予防し、きれいな政治・選挙を実現することでした。そのような建前を全面に押し出して、前述の政党交付金制度を新しく導入し、企業献金は一部規制したものの温存し続け、衆議院議員を選出する選挙制度は小選挙区比例代表並立制に変更したのです。

この度発覚した自民党の派閥の裏金づくり事件は、1994年「政治改革」を総括するに値するほど重大な事件です。日本の第一党であり政権政党の派閥の重大事件ですから1994年「政治改革」そのものに対して評価を行なうべきなのです。

この事件の発覚により1994年「政治改革」の建前は失敗だったことが証明されました。良識ある者たちは、そう総括することでしょう。ですから、小手先の改革ではダメです。政治改革を抜本的にやり直さなければなりません。今度こそ、主権者国民のための改革にしなければなりませんし、日本国憲法に基づく改革にしなければなりません。決して、アメリカや経済界に都合のよいニセ改革にしてはいけませんし、金権腐敗した自民党のアリバイづくりのようなニセ改革にしてはいけません。

◆小選挙区制を廃止し完全比例代表制への移行を！

真っ先に改革しなければならないのは、選挙制度改革です。具体的には衆議院も参議院も、無所属の候補者の立候補を保障した完全比例代表制に改革すべきです。その理由は、衆議院小選挙区選挙も参議院選挙区選挙も民意を歪曲し大政党の過剰代表と中小政党の過少代表を生み出すので憲法違反だからという理由に加え、自民党の喪失してしまった自浄能力を回復させるためでもあります。

このように言うと、疑問に思われる方もあるでしょう。裏金事件が起きたのに、なぜ選挙制度改革なのか、と。あるいはまた、小選挙区制こそ「政治とカネ」事件を起こさないための制度ではないのか、と。

確かに、1994年「政治改革」の時には、「中選挙区制だったら同じ政党で当選を競い合うから政策選挙にならず、金権腐敗を誘発するから、小選挙区制を導入する」という理屈でした。

しかし、小選挙区制を導入しても裏金事件は起きましたから、失敗したのです。また、どのような選挙制度であろうと法令遵守をする気のない議員なら「政治とカネ」事件を引き起こすでしょうが、私はそれでも、「小選挙区制を導入したから、以前よりも自民党は金権腐敗に鈍感になっている」と確信しています。というのは、自民党ではこれまで「政治とカネ」事件が発覚しても、すべて事件を引き起こした議員個人の責任にされてしまい、同議員を公認した自民党は逃げ回り、自民党の自浄能力は完全に喪失してしまっているからです。視点を変えて言えば、誰かが「政治とカネ」事件を起こしても、個人の責任にしてしまえば、別の小選挙区の議員には影響がないから、「政治とカネ」事件を厳しく批判して声を上げる自民党議員が現れないのです。

衆議院にも参議院にも比例代表選出議員がいますが、比例代表選出議員よりも小選挙区選挙や選挙区選挙で当選した議員の方が高く評価されてきましたし、後者の議員数の方が多いので、自民党内の大勢は後者の議員で決まってきました。

もしも衆議院の小選挙区選挙も参議院の選挙区選挙も廃止し、完全比例代表選挙に改革すれば、誰かが「政治とカネ」事件を引き起こせば、「お前が事件を起こしたから、次の選挙で得票率が下がり俺（私）が落ちる（落選する）じゃないか」となるので、法令順守の精神に欠けた議員集団である自民党であっても、今よりも自浄能力を少しは回復するでしょう。

憲法論としても、日本国憲法は、国民主権主義を採用し、主権者国民の代表機関である国会を国権の最高機関として議会制民主主義を採用しているのですから、完全比例代表制が国民主権主義に基づく議会制民主主義に最適な選挙制度です。民主主義とは本来直接民主主義のことを意味していますが、北海道から沖縄まで主権者国民全員が一堂に集まって議論して結論を出すことは事実上不可能なので、やむを得ず主権者国民の代表機関である国会を設置するのです。普通選挙を採用し、政策選挙を実現して民意の縮図を国会に作り出すことによって、議会主義が限りなく直接民主主義に接近することになって初めて議会制民主主義が実現できるのです。民意を歪曲し過剰代表や過少代表を生み出すようであれば、制限選挙に近いものになり、普通選挙を採用する意義はなくなってしまいます。

ですから、金権政治を少しでもなくし、日本国憲法の要請である議会制民主主義を実現するためにも、衆参の各選挙制度を、無所属の立候補を保障した完全比例代表制に改革すべきなのです。仮にブロック制など複数の選挙区を設ける場合でも、事前に議員定数を決めず、投票後に各選挙区の議員数が決まるようにすべきです（衆参の選挙制度については、上脇博之『なぜ4割の得票で8割の議席なのか』日本機関紙出版センター・2013年、同『ここまできた小選挙区制の弊害』あけび書房・2018年を参照）。

地方議会の選挙制度についても、会派のある議会では、同じように無所属も立候補できる完全比例代表制にすべきです（詳細については、上脇博之『どう思う？地方議員削減』日本機関紙出版センター・２０１４年）。

そうすれば、議員定数不均衡問題は生じません。また、世襲議員は激減する一方、女性議員は格段に増えます。日本国憲法が要請し、更には許容してもいる福祉国家の実現も可能になります。間違いありません。

第8章　「泥棒に追い銭」の政党助成金は廃止を！

◆政党助成金は裏金作づくりを防止せず

１９９４年「政治改革」の建前における失敗は、政治資金「改革」においても指摘できます。その第一は、企業・団体献金の温存です。これについては、すでに指摘したように、先送りされてきた企業・団体献金の全面禁止を断行すべきです。

第二の失敗は、税金を原資として新設された政党助成金制度の失敗です。「政治改革」の建前では、「政党助成金を導入すれば、汚いカネに手を出さないようになる」というものでした。しかし、自民党の主要派閥が裏金をつくっていたのは、汚いカネに手を出したというよりも自ら汚いカネを作り出したわけですが、それでも、「政党助成金の導入は失敗した」と総括すべきです。政党助成金が綺麗な政治・選挙に役に立たなかったことに変わりはないからです。

実は、「政治改革」前の１９９０年、自民党の副総裁だった金丸信議員（当時）は、当時の「政党への公費助成」導入の動きを批判して、「国民の貴い税金を選挙の候補者に出すのは、今でも選挙違反があるのだから『**泥棒に追い銭**』にならないとも限らない」と警告していました（朝日新聞１９９０年7月5日）。また、河上和雄・元東京地検特捜部長は、不十分な政治資金規正法の下でいつでも脱法的に資金作りが可能なまま政党助成を導入することは「**焼け太り**」になると批判していました（河上和雄「政

自民党「日本国憲法改正草案」（2012年）

第四章　国会　（政党）
第64条の2　国は、政党が議会制民主主義に不可欠の存在であることに鑑み、その活動の公正の確保及びその健全な発展に努めなければならない。2 政党の政治活動の自由は、保障する。3 前2項に定めるもののほか、政党に関する事項は、法律で定める。

治資金規正法はどうすべきか」文藝春秋編『日本の争点94』1994年）。

この2人の警告・批判は、見事に的中し、的を射ていたことになります。ですから、政党助成法は廃止すべきなのです。

憲法論としても、政党助成法は違憲です。日本国憲法の「制定」が審議された際に金森徳次郎・国務大臣（当時）は、「伸びて行く政党は一つの生き物でありまして、之に対して人為的な制約を加えること」には「弊害も亦予想し得る」、国家による「財政的考慮」は「下手をすれば角を矯めて牛を殺す」、「本当の政党の値打を削ぎ落すような結果」になると答弁していました。

実は、自民党も政党助成制度を違憲とみているようで、自民党「日本国憲法改正草案」（2012年）では国会の章に政党条項を盛り込んでいます。

自民党「日本国憲法改正草案Q＆A」におけるQ23の答では、「憲法にこうした規定を置くことにより、政党助成や政党法制定の根拠になると考えます。政党法の制定に当たっては、党内民主主義の確立、収支の公開などが焦点になるものと考えられます。」と解説しているからです。もし違憲ではないと考えているのであれば、上記のような改憲を構想して、それが「政党助成の根拠になる」などと解説するはずがないからです。つまり、**自民党は違憲の政党助成を「合憲」にするために改憲を構想しているの**です（詳細は上脇博之『日本国憲法の真価と改憲論の正体』（日本機関紙出版センター・2017年を参照)。

◆問われる〝政党の本質〟

日本の政党は、日本共産党を除き、政党交付金(政党助成金)の交付を受け、そのほとんどが税金である政党助成金に依存し、事実上国営政党になっています。これは大問題です。

本来、政党は国民の中から必要性があって誕生し、その後も国民の中に根を張って存続していく団体です。国民が必要だと判断すれば党員になり党費を払い、あるいは党員でなくてもカンパ(寄附)を行うことになります。国民が必要と認めなければその政党は国民が財政支援をしないので消滅する運命です。これは政党の本来の性質であり、本来のあるべき姿です。

ところが国から税金である政党交付金がもらえるということは、国民から政治資金を集める努力をしなくても、政党は自ら財政が賄えるということになり、これでは、国民あるいは社会に根ざした政党本来のあり方とはいえません。

政党が本来の性質を喪失し、国営政党になれば、国民のための政治を行なわなくなるのは、1994年「政治改革」以降の政治が証明しています。

政党助成制度は、私見では、結社の自由の保障の点から違憲ですし、平等原則に反する上に、政治的自己決定権を侵害してもいるのです。人権を侵害している点でも政党助成制度は廃止すべきなのです(詳細は、上脇博之『誰も言わない政党助成金の闇』日本機関紙出版センター・2014年、『政党助成金、まだ続けますか?』日本

制度	94年「政治改革」前	94年「政治改革」	真の政治改革
選挙制度	衆議院 中選挙区制	衆院 小選挙区中心	衆参共に 完全比例代表制
政党助成金	なし	導入	廃止
企業献金	許容	一部禁止で許容	全部禁止

機関紙出版センター・2021年)。

◆すぐに廃止できないなら、せめて主権者に判断させて！

現在の国会において政党助成法の廃止を唱える勢力は、政党としては日本共産党だけであり、残念ながら多数派を占めてはいません。したがって、自民党が下野して立憲野党が政権を奪取し政権交代が起きたとしても、同法の廃止は政治的には、そう簡単ではありません。

とはいえ、現行法をこのままの状態にさせておくべきではありません。政党助成法は政党交付金の総額について施行後5年を経過したら「見直しを行うものとする」と規定しています（附則第6条）から、総額を見直すことは政党助成全体を見直すことにつながるはずであり、かつ既存の「政党」が私の指摘する人権侵害など多くの問題点を少しでも改善し、政党助成金の導入理由との整合性を持たせることを目指すのであれば、次のような改革を行なうべきです。

すなわち、政党助成度を衆参の選挙結果に連動させずに、「政党財政のための投票」を毎年行ない、各政党の受け取る公金額を、その各政党の実際の得票数に250円を乗じて算出するようにし、かつ、有権者約1億人の過半数がその投票を有効に行わなかった場合（無効票を除く有効投票が有権者数の過半数に達しなかった場合）には、政党助成金制度は自動的に廃止される、というものです。注意を要するのは、賛成と反対の投票ではなく、投票者ではなく有権者（棄権者を含む）の過半数が有効投票をしない場合には、政党助成金制度を廃止する、ということです。

これは、主権者国民の投票に法的拘束力をもたせ、政党助成制度に対する主権者国民の拒否権行使の機会を保障することにもなります。

◆国庫への残金の返還逃れとしての基金は廃止を！

また、政党助成制度が前記の形で残るとしても、年末の残金は必ず国庫に返還させるべきです。

現行の政党助成法では、年末に政党助成金に残金があれば、その残金を国庫に返還するのが原則ですが、それには例外があるのです。その例外として「政党基金」「支部基金」をつくることが認められ、事実上の返還逃れ（事実上の繰越）が可能であるため、それが常態化しており、原則と例外が逆転しているのです。

そこで、例外としての「政党基金」「支部基金」は認めるべきではなく廃止して、政党助成金の残金は全額国庫に返納させるようにすべきです。それをより確実にするためには、**政党助成金の交付を受けている政党は、その他のものへ寄附することを禁止する必要があります**。禁止しなければ、政党は、国庫への返還逃れをするために、他の者へと寄附するからです。

従来、政党交付金を受領した党本部や党支部は、政治団体に対し寄附してしまい、政党交付金を受領する資格のない政治団体が政党交付金を受領してきました。これは、政党交付金の残金の返還逃れを可能にしていますし、また、政党助成法が政党交付金を受領する資格を「政党」に限定する趣旨に反してもいます。したがって、政党助成金を受領する資格のない政治団体等に対する政党助成金の寄附については、法律で禁止すべきです。また、その場合の寄附については、政党助成金そのものの寄附だけではなく、それ以外の政治資金の寄附も含めて禁止すべきです。カネに色がついていない以上、両者を分ける必要はないからです（政党助成金を受け取っていない政治団体については寄附の禁止は必要ありません）。

さらに、政党助成金を受け取っている政党の場合、選挙運動資金として公職の候補者（個人）あるいはその選対への寄附も禁止すべきです。その寄附は、選挙運動資金であれば、公職選挙法に基づき選挙運動費用収支報告書に記載されますが、政党助成金を受領する資格のない公職の候補者やその選対がそれを受領できるのは政党助成金の趣旨に反するからです。この場合の寄附についても、政党助成金そのものの寄附だけではなく、それ以外の政治資金の寄附も含めて考えるべきです（政党助成金を受け取っていない政治団体については寄附の禁止は必要ありません）。

第9章 「政治とカネ」を監視しやすいように

◆罰則を強化せよ！

政治資金規正法違反の各行為についての罰則の軽重をご紹介しましょう。

例えば、（a）派閥の政治団体が20万円を超える政治資金パーティー収入明細を記載していなかった罪と（b）政治団体が禁止されている企業献金を受け取った罪とでは、どちらの罪の方が重い罰則になっていると思われますか？

罰則を紹介しますので、それぞれの罪に当てはめてみてください。

（c）「5年以下の禁錮又は100万円以下の罰金」と（d）「1年以下の禁錮又は50万円以下の罰金」。

前記の（a）の罪は、前記の（c）と（d）のどちらの罰則でしょうか？

前記の（b）の罪は、前記の（c）と（d）のどちらの罰則でしょうか？

また、「没収」の罰則がある罪はどちらでしょうか？

答えを見る前に考えてみてください。

では、答えです。

前記（a）の不記載罪は前記（c）「5年以下の禁錮又は100万円以下の罰金」（第25条第1項）、没収なし。

前記(b)の違法献金受領罪は前記(d)「1年以下の禁錮又は50万円以下の罰金」(第26条)、没収あり、です。

いかがだったでしょうか？　答えは意外だったでしょうか？

政治資金規正法は真実の収入と真実の支出を記載するよう政治団体に義務づけているので、真実を記載しなかった収支報告書不記載罪や収支報告書虚偽記入罪が一番重い罰則になっているのです。

ところが、以下で紹介するように、実際、その罪で起訴されても、多くの場合、被告人が罪を認めていることもあって罰金で処罰されているのが現状なのです。

例えば、私を含め全国の弁護士・法律家が刑事告発した「桜を見る会前夜祭」の収支5年分総計約3022万円の収支報告書不記載の罪について、東京地検特捜部は、2020年12月24日に、その主催者の「安倍晋三後援会」の代表者（安倍晋三総理の公設第一秘書）を略式起訴し、東京簡裁は罰金100万円の略式命令を出し、同人は即日納付しています（「安倍氏は不起訴、公設秘書は罰金100万円…『桜』前夜祭巡る規正法違反事件」読売新聞2020年12月24日23時01分）。

また、薗浦健太郎衆議院議員らが闇政治資金パーティーを開催していたとして私が刑事告発し、捜査の結果3年間で計4900万円（薗浦議員はそのうち300万円を除外して）を収支報告書に虚偽記入した罪について、東京地検特捜部は、2022年12月22日に薗浦健太郎元議員、元公設第一秘書、元政策秘書を略式起訴し、東京簡裁は、同月27日に罰金100万円、公民権停止3年の略式命令を出し、翌2023年1月11日までに不服申し立てがなされず罰金は納付されました（「薗浦前議員の略式命令が確定

3年間、立候補できず　政治資金事件」朝日新聞2023年1月12日17時26分)。

さらに、岡山県知事の後援会「いばらぎ隆太後援会」が寄附、借入金、その返済の事実がないのに存在すると収支報告書に虚偽記入したと私が刑事告発した事件について、岡山地検は、2023年9月28日に、その会計責任者と事務担当者を略式起訴し、岡山簡易裁は翌10月5日に罰金100万円の略式命令を出しました(「伊原木知事の後援会幹部らに罰金100万円の略式命令」NHK岡山2023年10月11日18時30分)。

その上、例えば寄附金の受領について不記載や虚偽記入があっても、その寄附金の没収の罰則が定められていないので、不記載や虚偽記入が横行しています。ですから、せめて軽微な記載ミスや計算ミスの場合を除き、寄附金の受領の不記載や虚偽記入があった場合には、故意や重過失でなくても処罰し、寄附金の没収を科すべきです。

◆主権者国民が監視・批判しやすいように!

政治資金規正法は、政治資金の収支などについて「国民の不断の監視と批判」の下に置くことを目的としている法律です(第1条)。ですから、各政治団体の「政治資金収支報告書」(収支報告書)は総務省と都道府県選挙管理委員会(都道府県選管)がその各ウェブサイトでインターネット公表(ネット公表)していますので、インターネットさえ使えれば誰でも「政治資金収支報告書」に記載されている収支の状況を確認してチェックできるようになっています。

もっとも、従来、収支報告書をネット公表していない県選管が複数あり、情報公開請求せざるを得ない状態にありました。私が理事をしている公益財団法人「政治資金センター」が国会議員の政治団体を中心に２０１１年以降の収支報告書を収集してネット公表してきました。ネット公表していない県選管にはアンケートを実施してネット公表を促してもきました。最後に残った新潟県選管は、やっと今年11月からネット公表することになり、すべての都道府県選管でネット公表することになります（「新潟県選管　政治資金収支報告書　全てをネットで公表へ」ＮＨＫ新潟２０２４年２月16日17時27分）。ただし、近年ネット公表し始めたところでも直近の１年分しかネット公表してはおらず、過去分はネット公表していません し、「国会議員関係政治団体」のものだけしかネット公表していない県選管もあります。大至急、現在保存されている収支報告書をネット公表するべきです。

また、収支報告書の保存期間は３年間なので、インターネット公表も直近の３年分だけです。デジタル化を進めれば半永久的にインターネット公表できるはずで、そのための法律改正をすべきです。

政党助成法に基づき提出されている「政党交付金使途等報告書」は、過去５年分が総務省のウェブサイトでインターネット公表されています。しかし、インターネット公表されている収支報告書と違い、国民がそれを自分のパソコンに取り込めませんし、印刷できませんので、この点も改めるべきです（政党助成法を廃止すれば将来は不要になります）。

立候補者の「選挙運動費用収支報告書」は、全くインターネット公表されていません。政治資金の流れをチェックすると、「政治資金収支報告書」だけでは完結しません。政治団体が立候補者に寄附していた場合、「選挙運動費用収支報告書」で確認しなければなりませんが、インターネット公表されていないので、情報公開請求しないと入手できません。1日も早くインターネット公表するよう法律改正すべきです。その際、保存されている過去分も公表するようにすべきです。

◆検索機能の充実を！

ところで、政治家、特に国会議員は、複数の政治団体をもっています。議員の財布である「資金管理団体」をもっていますが、政党の支部長をしていた場合には、選挙区支部もその国会議員の事実上の政治団体です。その他、「その他の政治団体」も持っていたりしますし、「その他の政治団体」も複数持っている国会議員もいます。特に自民党の閣僚経験者は複数の政治団体を持っています。

みなさんの地元の国会議員がどのような政治団体を、いくつ持っているか、ご存じですか？

各政治家の政治団体の名称とそのリストが、各政治家ごとに作成され公表されていなければ、国民は知りたい国会議員の政治資金の収支の全体はわかりません。

さらに言えば、どこの企業が誰の政党支部に寄附しているのか、あるいは、どの政治団体のパーティー券を購入しているのか、調べるためには、検索機能が必要です。また、収支報告書が総務省と都道府県選管に分かれていたのであれば、調べるのに苦労します。全国すべての収支報告書をどこか1カ所に集めたうえで、簡単に検索できるようにする必要があります。

そうして初めて「国民の不断の監視と批判」が実現するのです。

第10章　政治改革の名に値しなかった自公与党の法律改正

さて、自民党の派閥の裏金づくりが発覚して自民党は、どのような政治改革を行なったのでしょうか？

◆この人選では全く期待できない自民党「政治刷新本部」

自民党は今年1月11日「政治刷新本部」の初会合を開きましたが、その構成員を見ると、全く期待できませんでした。同本部は38人で構成され、岸田文雄総裁（総理）が本部長を務め、麻生太郎副総裁（元総裁・総理）と菅偉人前総裁（前総理）が最高顧問に就きました。また茂木幹事長が本部長代行を務めるなど党執行部のメンバーも名を連ね、女性局長や青年局長を経験した中堅・若手の議員も加わっています。派閥ごとの内訳は、最大派閥の安倍派が10人、麻生派が3人、茂木派が7人、岸田派が5人、二階派が2人、森山派が1人で、無派閥は、派閥を離脱した岸田総裁を含め10人（「自民『政治刷新本部』で初会合 岸田首相が党改革に決意」NHK２０２４年1月11日17時01分）。

20万円超の明細不記載を行なっていた5派閥の会長らや当時の各党役員がいる上に、前記安倍派10人のうち9人は裏金を受け取っていた議員だそうです（「自民党『刷新本部』、安倍派メンバー9人に裏金か　10人が参加」朝日新聞２０２４年1月13日4時00分）。

これで真っ当な改革案が提案されると期待する方が無理でしょう。

◆案の定、酷い法律改正

自民党は1月25日に臨時総務会を開催し、「政治刷新本部」の「中間とりまとめ（国民の信頼回復に向けて）」を了承したものの、案の定、法律改正の具体案が一切ありませんでした。私は0点の評価をしました。

今年の通常国会で6月19日、改正政治資金規正法が成立しました。改正法は一部を除き1年半後の2026年1月1日に施行されます（別の施行日の改正もあるので要注意）。自民党が提出した法案に、公明党が協議し賛成して自公与党は法案を議員数の力だけで成立させました。協議に参加した「日本維新の会」は衆議院では賛成したものの国民の批判を見て参議院では反対しました。

改正法の評価ですが、結論から言うと、予想通り、今回の法律改正には何ら評価できる点がなく、後退している点さえもあるので、失望以外の何ものでもありません。

そもそも今回の法律改正の出発点は、自民党の派閥の各政治団体が組織的に裏金をつくっていたという動かしようのない事実があったのですから、当然、裏金がつくれなくなる法律改正を講じなければならないはずです。ところが、全くそうなっていませんでした。

裏金の元凶である企業・団体献金や、企業・団体によるパーティー券の購入は禁止されず、「合法的な裏金」とも言える「政策活動費」も存続させています。悲しいかな「今後も裏金をつくり続けます」と宣言するような内容になっていました。

国会審議の過程では、岸田文雄首相が5月31日に公明の山口那津男代表、維新の馬場伸幸代表と相次いで会談し、両党の主張の一部を改正案に取り入れることで合意を取り付けるという〝山場〟が演出され、あたかもギリギリの交渉が行われたかのようですが、問題解決にはまったく繋がらないもので、意図的な「争点ずらし」ではないかとすら思えました。

以下、成立した政治資金規正法の主要な内容を一つひとつ紹介しコメントしましょう。

◆政治資金パーティー収入の透明度を高めても裏金はつくれる！

公明党政治改革本部は、1月18日に「政治改革ビジョン」を発表しました。

その一つとして、「政治資金パーティー券の購入について、支払者の氏名の公開基準を20万円超から、5万円超に引き下げること」を挙げていました（「政治改革ビジョン」公明党ニュース２０２４年1月19日）。これを公明党はそのまま法律改正案にすることを主張し、政治資金パーティーでのパーティー券購入の明細の公開基準を、現在の「20万円超」から「5万円超」へと引き下げることが改正政治資金規正法で採用されました（同法第12条第1項第1号ト、チ。２０２７年1月1日施行）。

しかし、これでは、繰り返し指摘しているように、裏金づくりは防止できません。私は、仮にこの公開基準を思い切って「1円以上」へと変えたとしても、裏金づくりは止まらないと考えています。というのも、パーティー券を購入する企業・団体の側は政治資金規正法の対象ではなく、収支報告制度がないので企業・団体の購入分を誰もチェックできないからです。本当に再発防止を考えるならば、思い切って政治資金パーティーそのものを禁止するか、少なくとも企業・団体のパーティー券購入を禁止するしかありません。しかし、そのいずれも改正法にはありませんでした。

百歩譲って企業・団体の購入分を裏金にしないとしても、非公開の範囲を狭めて透明性を高めても、パーティーの回数を増やしたり、回数を増やさなくても企業が社員や子会社を通じて小分けにパーティー券を買わせたりといった手法をとれば透明度は事実上高まりません。

ちなみに今回の法律改正で、パーティー券の購入代金は現金での受け渡しが原則として禁止され、金融機関の口座への振込に限定されました。透明性を高めるためには当然のことですが、実はこっそり抜け道も用意されています。このルールを定めた政治資金規正法第22条の8の2第3項に、こうした規定にかかわらず「パーティー開催日」当日の支払いで「やむを得ないと認められる」場合には、「口座への振込み以外の方法によってすることができる」とあるのです。

この例外規定により、「ATMが使えなかった」「銀行に立ち寄る時間がなかった」などと言い訳をすれば、今まで通り現金での授受もできてしまいます。よくぞこんな姑息なことを……と呆れてしまいますが、どうしても裏金をつくりたい〝泥棒〟に法律をつくらせているのですから、「当然の結果」になってしまったのです。

◆「政策活動費」名目の支出による裏金

「日本維新の会」の法案からは、「政策活動費」の領収書を10年後に公開することなどが取り入れられました。前述したように、政治資金規正法では従来、「公職の候補者」(国会議員、地方議員、それらの候補者）への寄附は原則として禁止されていますが、例外として、政党から「公職の候補者」への寄附は認められてきました。これが自民党本部の「政策活動費」です。前述したように、株主オンブズマンで刑事告発して以降も、自民党の歴代幹事長ら約10名～約20名の国会議員は10億円前後～20億円近くの「政策活動費」を受け取っており、政治家個人の収支には報告義務がないので、その使途はまったく不明のままでした。これは「合法的な裏金」とも言えます。

地方の政党支部でも、「政策活動費」名目のほか、「組織活動費」や「活動費」などの名目で県議会議員や市議会議員らに寄附され、使途不明金になっているのです。

「日本維新の会」の法案も取り入れた今回の法律改正では、政党から「公職の候補者」への寄附を認める例外規定（政治資金規正法第21条の2第2項）は廃止されました。これは2026年1月1日施行ですが、施行から起算して1年間は「なお従前の例による」ことになっている（附則第6条）そうです（総務省「政治資金規正法の一部を改正する法律　概要」5頁「2　経過措置」(3)）。となると、2027年までは政党から「公職の候補者」への寄附を許容されていることになりますので、政党が「公職の候補者」に寄附することが禁止されるのは2028年から、ということになりました。

ところが、岸田自民党は、「公職の候補者への政策活動費は寄附ではない支出だ」と説明しています。これは、本来許されない恣意的な「解釈」です。政治資金規正法によると、寄附とは「金銭、物品その他の財産上の利益の供与又は交付」で「党費又は会費その他債務の履行としてされるもの以外のもの」です（政治資金規正法第4条第3項）。したがって、「公職の候補者」への「政策活動費」名目の支出も「寄附」なのです。

それなのに、同党は、「政策活動費」などの支出について「寄附ではない支出」（いわゆる渡切）と言い張って、今後も国会議員に限らず地方議員も含め「公職の候補者」への支出を許容するようです。

そのうちの、国会議員の「公職の候補者」への「政策活動費」名目の支出だけは、支出できる年間上限額を設定し、支出を受けた「公職の候補者」がその後支出したもののうち、「政治活動に関連した支出」だけの「金額」及び「年月」を党の会計責任者に通知し、会計責任者は収支報告書にその支出も記載することになりました（同法第13条の2。２０２６年1月1日施行）。

そして、附則において、「政策活動費の支出の各年中における支出上限」を定めるとともに、その支出の状況（領収書を含む）を、収支報告書がインターネット公表（同法第20条第1項）されてから10年後に公開することになりました（同法附則第14条。２０２３年6月1日施行）。

一方、受領した「公職の候補者」が地方議員らの場合には、その支出の公開も、10年後の領収書の公開も一切ないようです。そのような条文は盛り込まれていないからです。自民党の理屈だと、政治団体も「政策活動費」の支出ができ、同じく10年後の公開はないことになりそうです。政治資金の透明化のためにある政治資金規正法の趣旨を骨抜きにする（本来許されない）恐ろしい解釈です。

自民党と「日本維新の会」との間では一応、細かい駆け引きがあったようですが、今回の当該改正によって、国会議員に支出された「政策活動費」が実質的に透明化されることはまったくないと考えています。

政治資金規正法の「公職の候補者」への支出に関する私の解釈と自民党の恣意的解釈の違い

政治資金規正法の改正	私の解釈	自民党の恣意的解釈
「公職の候補者」への寄付の禁止	如何なる名目であれ「公職の候補者」への政治活動（選挙運動を除く）に関する寄付は禁止！	「公職の候補者」への寄付の禁止。ただし、寄付以外の「公職の候補者」への支出は元々禁止されていない
政党が行なう国会議員（その候補者）への「政策活動費」としての支出	例外として政党が行なう「政策活動費」としての寄付を許容。領収書を10年後公表	これまでも今後も許容される。領収書を10年後公表
政党が行なう地方議員（その候補者）への「政策活動費」としての支出	禁止	許容。領収書の10年後公表なし
政治団体が行う役員への「政策活動費」としての支出	禁止	許容（!?）。領収書の10年後公表なし

まず、「政策活動費」の支出のうちの「政治活動に関連した支出」の領収書の公開を10年後に設定した時点で、最初から透明化する気がないのは明らかです。その支出に疑義が生じても、10年も経てば、その国会議員はもう引退したとか、会計責任者が交代していて当時のことが分からないとか、いくらでも言い訳できてしまいます。政党そのものが、離合集散の結果なくなっている可能性だって考えられます。疑義に対する説明責任は果たされないでしょう。何より、政治資金規正法の不記載や虚偽記載は時効が5年です。仮に正直に不正の記録を残していた議員がいたとしても、領収書が公開された時点ではもう罪に問えません。

そもそも「政策活動費」名目の支出自体が「裏金づくり」のための制度と言えます。政党の政治資金を収支報告書に記載する義務のない国会議員個人に渡すからいけないのであって、やましいことがなければ、政党の選挙区支部や議員の資金管理団体に寄附して収支報告できるはずです。議員個人は収支報告制度がないのに、わざわざ議員個人に渡しているのは、表に出せない違法または不適切な用途に使いたいからとしか考えられません。

収支報告書のインターネット公表から10年後に公開される領収書が黒塗りで公開される可能性についても、岸田首相は国会で「要否を検討する」と答弁して否定しませんでした。法律改正したといっても、こうしたルールの細部は詰められておらず、附則に「制度の具体的な内容については、早期に検討が加えられ、結論を得るものとする」と書いてあるだけです（同法附則第14条）。

附則では、独立した機関を設置して「政策活動費」について監査することも盛り込まれましたが、「監査の在り方を含めその具体的な内容について検討」するという曖昧な内容になっています（同法附則第15条）。独立機関の権限が弱かったり、政権に近いメンバーがばかり選ばれる仕組みだったりすれば意味がないわけです。設置の期限も定められていませんから、いつまでも「検討」していることにされて、発足しない可能性すらあります。

◆「泥棒に追い銭」となっている政党交付金は存続

税金が原資の政党交付金は政党助成法に基づいています。前述したように、政党交付金は導入前に「泥棒に追い銭」「焼け太り」になると警告されていました。今回の裏金事件でその警告は的中したわけです。

それなのに自公与党は、政党交付金を廃止せず、「泥棒」は今後も「追い銭」の政党交付金を受け取り、企業・団体献金との二重取りを続けるのです。その結果、前述したように、自民党の政治資金はバブル経済時代よりもバブル状態です。自民党本部は、前述したように、２０１８年以降は事実上１円も使わず全額翌年に繰り越しているからです。その最大の原因は政党交付金です。

政党交付金のお陰で自民党本部の政治資金は潤沢になっており、裏金はつくりやすくなっていますし、使途不明金＝裏金支出もやり放題になることでしょう。民主主義に反する暴挙と断ぜざるを得ません。

◆「国会議員関係政治団体」の拡大条件が中途半端

今回の政治資金規正法改正で、１０００万円以上の寄附を受けた政治団体は「国会議員関係政治団体」とみなすという条文を盛り込んでいます(同法第19条の16の3第1項。２０２６年1月1日施行)。

これは、すでに説明したように、「国会議員関係政治団体」以外の「資金管理団体」や「その他の政治団体」の支出の透明性が「国会議員関係政治団体」に比べると低いので、「国会議員関係政治団体」から政治資金を受け取った政治団体を「国会議員関係政治団体」にすることで透明度を高めようとしている改正です。具体例を挙げて紹介したように、「国会議員関係政治団体」が支出明細を収支報告書に記載することを免れるために「その他の政治団体」に政治資金を流し込んでいる実態があるので、その事態を踏まえて改善を図ろうとするものです。

そのような視点での法改正は悪くはありません。しかし、その条件が1000万円以上の寄附を受けた政治団体となると、中途半端です。寄附額を1000万円未満の金額で複数の政治団体に寄附すれば、支出の透明度は高まらないからです。

この方式を採用するのであれば、「1000万円以上」ではなく、「1円以上」にして、「寄附」に限定せず、政治資金パーティー等の事業への支出も含めるべきです。また、前述したように、「国会議員関係政治団体」に資金提供した「政治団体」も「国会議員関係政治団体」と見なして支出の透明度を高めるべきです。私見では、前述したように、地方の政治家の政治団体まで支出の透明度を高めるべきです。

◆議員の「確認書」導入は連座制ではない！

収支報告書の不記載など秘書のせいにして逃げる「トカゲの尻尾切り」対策としては、改正法では、国会議員関係政治団体の代表者（国会議員及びその候補者）に（i）①会計帳簿や領収書が保管されていること、②会計帳簿に収支が記載されていることなどを確認するよう義務づけ（政治資金規正法第19条の14の3）、（ii）会計責任者からの説明を受けて、会計責任者が政治資金規正法の規定に従って収支報告書を作成していることを確認した旨の記載をした「確認書」を会計責任者に交付するよう義務づけました（政治資金規正法第19条の14の2第1項・第2項）。会計責任者が処罰された場合を条件にしたうえで、「確認書」を会計責任者に交付しなかったり、内容の確認をしないまま「確認書」を交付した時には、「50万円以下の罰金」に処せられることになりました（同法第25条第3項。2026年1月1日施行）。

自民党側はこれを「連座制に近い」と主張していました（「政治資金規正法、自公合意5月に　議員罰則強化が焦点、実務者協議」共同通信2024年4月24日12時53分）。

しかし、そもそも連座制ではありませんし、それに近いとも言えません。そのうえ、会計責任者の処罰を条件にしていますので、検察は会計責任者でさえなかなか立件しませんから、「確認書」導入規定には実効性がないでしょう。会計責任者と喧嘩別れし、会計責任者が真実を自白すれば別でしょうが、実際に公民権を停止される国会議員（及びその候補者）は出てこないと思います。

今回の自民党派閥の政治団体の裏金づくりに関わっていた国会議員たちは「会計責任者に任せていた」というばかりで、誰も罪を認めませんでした。同じように、「会計責任者の説明を受けて確認したが、会計責任者が勘違いして説明し私はそれを信用した」ということにすれば、確認書を書いていても罪に問われることはないでしょう。会計責任者に裏帳簿を作成させておいて、国会議員が「俺は知らなかったことにしろ」と指示するなど、いくらでも抜け道が考えられます。「確認書」があっても、現状と何も変わらないのです。

また、地方議員や首長（都道府県知事や市町村長）が政治団体の代表者であっても「確認書」の対象外です。

◆収支報告書のオンライン提出だけでは不十分

今回の法律改正では、これまで「努力義務」とされてきた収支報告書のオンライン提出（電子情報報処理組織を使用する方法）が義務化されました（政治資金規正法第19条の15）。しかし、これは2027年1月施行で、施行が遅い上に、オンライン提出は行われて当然のことであって、制度化が遅すぎたというのが正直な感想です。

手書きの用紙をスキャンしたPDFファイルからデジタルデータに移行すれば、検索性の向上などはある程度、期待できますが、データベース化の見通しは立っていないようです。前述したように、都道府県選管に提出された収支報告書も含め全国の全ての収支報告書が一斉に検索できるようにしなければなりませんが、自民党にはその気があるようには全く思えません。

◆情報公開の後退も

これまで政治家の収支報告書をチェックして不正を刑事告発してきた私から見て、どうしても見過ごせない論点があります。それは、情報の公表の在り方が後退してしまうことです。政治資金規正法の〝改悪〟としか考えられない重大な「改正」がありました。

その一つは、収支報告書をインターネット公表することを口実にして、国の「官報」や都道府県の「公報」で公表されている収支報告書の「要旨」が廃止されてしまうのです（政治資金規正法第20条第1項・第2項。2026年1月1日施行）。

そもそも「要旨」は、総務省や各都道府県の選挙管理委員会のサイトで公開されている収支報告書そのものよりも中身が簡略化されているものの、資料としては貴重でした。というのは、政治資金規正法で収支報告書の公表期間は「3年」と短いため、インターネットでも「3年」経つと削除されてしまうからです。「3年」よりも前に遡った過去の収支報告書を調べようと思ったら、「官報」や「公報」に載った「要旨」を見るという手段があり、現にそれを証拠に刑事告発したことが何度かありました。

この「要旨」が廃止されれば、「3年」よりも前の情報を遡って調べることができなくなってしまいます。衆議院議員の任期が「4年」、参議院議員の任期が「6年」なのに、国会議員の任期一期分にも満たない期間しか収支を公表しないのは、国民の〝知る権利〟を保障しているとはいえず、主権者への説明責任を軽視しており、あまりにも理不尽ではないでしょうか。

百歩譲って収支報告書を紙で公開していた時代は、倉庫のスペースが足りない、といった名目で過去の資料を廃棄する名目も立ったかもしれません。しかし、法律改正でデジタル化が義務化された今、データは半永久的に保存しておけるはずです。「要旨」の公表を廃止するというのなら、それに合わせて収支報告書の公表を無期限にすべきです。

もちろん、「要旨」の公表を廃止するか否かに関係なく、収支報告書の公表を無期限にすべきです。「3年」はあまりにも短すぎます。

改正政治資金規正法が情報公開として後退したもう一つの問題点は、収支報告書に記載された寄附者等に係る部分を公表するときには、都道府県、市町村の名称までしか公表せず、それ以降の番地等の情報を公表しないことにしたことです（政治資金規正法第20条第3項。２０２７年1月1日施行）。

これも大問題です。世の中には同姓同名の方々がいます。個人を特定するためには、寄附者の住所で特定することになるので、番地等の情報が公表されなければ寄附者が特定できません。政治資金規正法では寄附金の制限があり、例えば寄附できる上限を超えた寄附が行われているかを判断するためには寄附者を特定しなければなりません。世の中には同じ地域でも同姓同名も方々はいますから、インターネット公表している収支報告書で個人を特定できないとなると、別に情報公開請求しなければならないことになります。しかし、これでは、インターネット公表している意義は半減します。情報公開には経費と時間を要するからです。

もちろん、個人情報も保護も必要でしょうから、例えば、検索機能では、番地などの情報では検索できないようにしておいて、実際インターネットで公表している収支報告書では、個人が特定できるよう番地等の情報も公開すればよいのです。

ただし、政治的影響力のある企業や政治団体の住所は検索においても、番地などの情報では検索できるようにしておくべきです。

◆「民主主義のコスト」は公金で十分負担されてきた

ここまで見てきたように、改正法は「抜け穴」だらけなのですが、自民党内部からはこれを問題視する声は聞こえてきません。そればかりか、麻生太郎副総裁が党の集会で「民主主義にはコストがかかる。将来に禍根を残す改革は断固避けねばならない」と述べるなど、開き直っています。

私の政治改革としての提案は、前述したように、政治資金パーティーや企業・団体献金の禁止、政党交付金の廃止などですから、自民党議員からは、「政治にはカネがかかるのに、政治資金を削減してしまっては政治活動が十分できなくなる」との反論が予想されます。

「民主主義にはコストがかかる」とはよく言われます。しかし、民主主義にかかる費用（民主主義のコスト）は公費で十分負担されていることを強調しておきたいと思います。代表的なものを確認しておきましょう。

選挙公営制度によって、選挙にかかるお金の一部も賄われますので、立候補者の選挙運動資金の一部は公費で賄われています。

選挙で当選した衆参の国会議員には日本国憲法に基づき毎月「歳費」が支払われています。これはサラリーマンの給料に相当します。国会議員の歳費は年２０００万円超で世界的にも高額です。また、ＪＲの無料パスや航空券なども支給されます。

衆参の国会議員には、国会での活動の一部を公費で負担するために「調査研究広報滞在費」（以前は「文書通信交通滞在費」）が毎月１００万円、年間１２００万円が交付されています。

衆参の各「会派」には、日本国憲法に基づき「立法事務費」が交付されています。法律によると、所属議員の人数に応じて各会派に交付されており、会派の構成員一人につき月65万円、年間で７８０万円です。これが所属議員数分、会派に交付されているのです。

議員の公設秘書2名と政策秘書1名については、公費から給与が支給されています（なお、私は政策選挙と国会での政策論議のために政策秘書の人員を増やすべきであると考えています）。

以上の代表的なものだけでも、「民主主義のコスト」は十分公費で負担されているのです。

それでも、政治資金については不十分だという反論があれば、次のように反論したいと思っています。

第一に、無所属の国会議員のことを思い浮かべていただきたいです。無所属議員は企業・団体献金を受け取れませんし、政党交付金の恩恵にも預かれませんし、私の法律解釈では政策活動費ももらえませんが、それでもきちんと仕事をしています。議員本来の仕事をするのに巨額のお金がかかるというのは、真っ赤なウソなのです。

第二に、自民党などの国会議員の場合は、世間一般と考え方が違い、政治活動を口実にカネを使いすぎているのです。例えば「秘書を10人雇わないといけない」という結論が先にあるようですが、普通、家庭でいえば、「お金がこれだけあるから、こういう生活をしましょう」となります。このような考え方に国会議員の考え方を変えてもらう必要があります。そうすれば、政治資金を大切に支出するはずです。

◆裏金こそが欲しい

何にそんなにお金がかかるのかと考える時、ヒントになるデータがあります。第1部でも指摘しま

自民党本部の「本年の収入額」、そのうちの政党交付金、その他の政治資金

年	本年の収入額（前円からの繰越額を除く）	そのうち政党交付金収入	その他の政治資金収入
2007年	約252億9377万円	約165億9584万円	約86億9793万円
2008年	約308億1335万円	約158億4264万円	約149億7071万円
2009年	**約197億2688万円**	**約139億8033万円**	**約57億4655万円**
2010年	**約152億3093万円**	**約102億6382万円**	**約49億6711万円**
2011年	**約139億5535万円**	**約101億1147万円**	**約38億0135万円**
2012年	**約158億9787万円**	**101億5400万円**	**約57億4387万円**
2013年	約232億9801万円	約150億5858万円	約82億3943万円
2014年	約234億2765万円	157億8766万円	約76億3999万円

自民党は2009年衆議院総選挙で敗北し下野。2012年12月衆議院総選挙で政権復帰

したが、自民党本部の収支報告書を見ると、２０１８年以降、毎年１８０億円以上のお金を翌年に繰り越しています。これは、政党交付金で入ってくる１６０億円～１７０億円をも上回る額です。自民党の政治資金は余っているのです。その上、自民党議員は必死に政治資金パーティーを通じて企業から資金を集め、裏金をつくっている。つまり、単に「政治資金が欲しい」のではなく、「裏金こそが欲しい」という動機があると考えられます。

自民党は、２００９年衆議院総選挙で下野して急速に人やお金が離れていく体験をしました。特に政治資金は、野党時代は政党交付金が少なくなったこともあって激減しましたが、注目すべきは政党交付金以外の政治資金収入も激減したことです。

同党は、２０２１年に政権復帰して以降、再び政治資金も増えましたので、これまで以上に与党であることに固執するようになりました。

ところが、ピーク時の１９９１年には約５４７万人い

た自民党員は、2012年末時点で73万人台まで激減。その後党員が増えますが、2023年末時点で109万人にとどまっています。国政選挙では勝ち続けていますが、投票率が上がって無党派層が動けば常に敗北がちらつくもろさをはらんでいます。

自民党の支持基盤が不安定になっている中、2019年の参院選をめぐる河井克行元衆議院議員の広島での大型買収事件などでもその片鱗が明らかになったように、地方議員が国会議員にお金をもらわないと選挙で一生懸命動かない構図があることも見えてきました。あるいは安倍晋三元首相の「桜を見る会」前夜祭のように、飲ませ食わせすることなどで支援者を囲う手法も横行しています。政策ではなく、お金の力で選挙に勝つという民主主義とはほど遠い現状ですが、こうしたやり方を維持するために必要なのが、裏金なのです。

◆資金中毒患者には禁断治療（金断治療）

要するに、自民党は〝裏金なしでは選挙も政治もできない金権体質〟になってしまっているのです。まるで資金中毒患者のようです。そのような政党がいくら「政治にはカネがかかる」と言っても説得力はありません。むしろ、資金中毒患者には禁断治療（金断治療）が必要です。少なくとも政党交付金は廃止し、企業・団体献金や政治資金パーティー等の事業は全面禁止して、使途不明金の途を完全に塞ぐ法律改正を断行してあげることこそが自民党を〝社会に根差した健全な政治団体（政党）〟にすることにつながるのです。

おわりに

衆議院小選挙区選挙・参議院選挙区選挙は民意を歪曲する選挙制度です。その憲法違反の特権により過剰代表され最大の議席数を有するのが自民党です。

「政党助成金」とも呼ばれる「政党交付金」は政党の〝国民に根差す〟という本質を蝕んでいるので憲法違反の政治資金制度です。衆参の不当な選挙結果に連動して各政党の政党交付金額が決定されているので、自民党は過剰交付を受け続けています。また、企業献金はそれを受け取る政党と企業の癒着を生み出し政治腐敗の温床になっている違憲・違法な政治資金です。自民党は、政党交付金と企業献金を受け取り、経済界のための政治を強行して非正規労働者を大量に生み出し日本社会を構造的な格差社会にしてきました。

自民党の政治資金はバブル経済時代よりも多くバブル状態です。そのため、政党交付金を事実上1円も使わず翌年に繰り越している計算になります。

そのような自民党の各派閥の政治団体が、長年組織的に、国民の〝知る権利〟を侵害し民主主義に反する巨額の〝裏金〟をつくっていたのです。極めて悪質な事件です。私は「しんぶん赤旗日曜版」のスクープ報道を契機に、派閥の政治団体とその所属議員らの刑事責任を追及してきました。本書はその私の運動の記録であり、議会制民主主義を実現するための大きな一歩になるよう、〝裏金〟づくりをなくすための政治改革も具体的に提案しています。

私の東京地検への刑事告発と検察審査会への審査申立てはまだまだ終わっていません。本書の原稿を書き上げた後も行なってきました。報道機関の一部しか報道せず、ほとんどの報道機関が報道しないので、国民の多くは御存じないかもしれませんが、私は刑事責任追及運動を現在進行形で行ない続けています。その意味では、本書は私の運動の記録の途中経過を記録したもの、と表現した方が正確かもしれません。

ところで、講演で私が自らの追及活動をご紹介すると、「そのようなエネルギーはどこから湧き上がってくるでしょうか」「情熱の源は何でしょうか」という趣旨の質問を時々受けてきました。本書の「はじめに」で説明したように、議会制民主主義が実現していない政治状況下では日本国憲法を遵守しない政権は簡単に暴走できるので、憲法研究者として、政治の独裁化に対する抵抗運動を行なっているのです。これは理論的な理由です。

事実上の理由もあります。私は、大学の教員としての仕事もありますので、街頭での署名運動や宣伝活動などの市民運動になかなか参加できません。しかし、大学と自宅の移動中に市民運動をされている方々の姿を拝見し、あるいは市民運動の活動状況を紙面や電子メールで拝読します。そのたびに「私も頑張ろう。私のできることをしよう」と心に誓い、告発状や審査申立書をコツコツと書き続けているのです。私の方が皆さんの活動から多大なエネルギーをもらっているので頑張れるのです。

２０２２年11月はじめに「しんぶん赤旗日曜版」がスクープ報道して私が刑事告発をしたことについては、全く報道がなかったわけではないのですが、当時の報道は低調でした。当時〝裏金〟づくりの証拠があったわけではありませんでした。翌12月には薗浦健太郎元議員らの政治資金パーティー〝裏金〟事件の略式起訴があったとはいえ、東京地検特捜部の捜査も開始されたばかりでした。捜査機関の動きを中心に報道することを基本方針として報道機関は、まるで戦前の「大本営発表報道」のように、捜査機関が動かない限りなかなか報道しません。ですから、当時、多くの国民も重大事件だとは気づいていませんでした。

報道機関の取材が活発化し始めたのは、翌２０２３年秋以降でした。刑事告発した私に告発状の提供を求めてきたのです。岸田文雄政権も、東京地検特捜部の捜査状況を知ったことで衆議院の解散・総選挙の時期の判断に影響したようです（「解散絶望『政権瓦解』の剣ヶ峰　岸田自民に『カネの大醜聞』」『選択』２０２３年11月号48頁）。

自民党派閥の〝裏金〟事件は、これまでの「政治とカネ」事件とは違い、国民の政治的意識に多大な影響を及ぼしています。自民党の総裁選挙にも多大な影響を及ぼし、岸田文雄総裁は立候補を断念しました。今また、今月（10月）27日投開票の衆議院議員総選挙にも影響を及ぼしそうです。現時点では投開票前なので、その影響による選挙結果は明確ではありませんが、自民党の〝裏金〟議員の非公認や比例代表名簿非登載というパフォーマンス、〝裏金〟議員の立候補断念に関する報道を読み、少なくとも自民党の議席減が予想されます。しかしまた、本書で記した今年6月成立の政治資金規正法「改正」内容を見ると、〝裏金〟づくりの防止策が欠落しているので自民党は真摯には反省していません。本書で指摘したように自民党は〝裏金〟や使途不明金なしには選挙で当選できない政党に成り下がっているようですから、おそらくこの総選挙でも裏金や使途不明金が投入されているのではないか、と危惧されます。

私は総選挙後における〝裏金〟事件第2幕についても期待しています。「しんぶん赤旗日曜版」がスクープ報道し私が今年（2024年）の正月に刑事告発した自民党東京都支部連合会と都議会自民党の政治資金パーティー事件の捜査が進んでいるようだからです。本書でも簡単に紹介したこの二つの政治団体の事件は、自民党の派閥の〝裏金〟事件と同じ手口で、20万円超の政治資金パーティー収入明細不記載事件です。1か月余り前から、私の告発状の提供を求める複数の記者からの連絡があり、『週刊新潮』（2024年10月17日号）はこの事件を大きく報道しました。「『安倍派潰し』では消えない『闇』特捜部が狙う自民党都連〝裏金疑惑〟」。

この事件が特捜部の捜査の結果、〝裏金〟事件となり、大きく報道されるようになると、自民党は再び窮地に追い込まれ、来2025年の参議院議員通常選挙と東京都議会議員選挙にも多大な影響を及ぼしそうです。

また、「フロントラインプレス」が自民党の全国の都道府県支部連合会のうち、石破茂・新総裁の地元の同党鳥取県支部連合会と小泉純一郎衆議院議員の地元の同党神奈川県支部連合会が各県内支部への「交付金」支出を収支報告書に記載しておらず、少なくともその分の〝裏金〟がつくられていたのではないかと今月10日付と翌11日付で、それぞれスクープ報道しました。私は報道直後にそれぞれ告発状を東京地検に郵送し、刑事告発しました。この〝裏金疑惑〟事件は、全国に及んでいる可能性があり、特捜部の捜査次第では第二の裏金事件になりそうです。特捜部のやる気次第でしょう。

特捜部が捜査を尽くせば、来年の参議院議員通常選挙後の自民党政治に影響しそうです。


本書の出版のお誘いは、昨年12月の〝裏金〟報道直後にいただきました。いつもの丸尾忠義さんからのメールでした。ところが、岩波書店の雑誌『世界』の原稿のお誘いと岩波新書『検証　政治とカネ』の出版のお話が先約としてあったことに加え、市民団体などからの講演依頼と短い原稿依頼が殺到する中、今年に入り私は〝裏金〟告発を始めたために、本書の執筆が大幅に遅れてしまいました。それでも丸尾さんは本書の原稿の脱稿を待ち続けてくださったのです。

その間に、私の刑事告発は、スクープ報道し続けた「しんぶん赤旗日曜版」とともに、今年で12回目を迎える「日隅一雄・情報流通促進賞2024の大賞」を受賞しました（5月15日公表、6月8日授賞式）。大変光栄なことですが、私は告発しただけですので、私が受賞して良いのか、と悩みました。私が受賞することで刑事告発する国民が一人でも増えれば、と思い受賞した次第です。

私の運動は、「政治資金オンブズマン」の活動の一環であり、阪口徳雄弁護士から学んだ成果です。実は、2018年には、「政治資金オンブズマン」が第6回「日隅一雄・情報流通促進賞」の「特別賞」を受賞しています。内閣官房報償費（機密費）の情報公開訴訟において最高裁判決で一部勝訴し、開示された一部使途文書をまとめて公表したことが授賞理由でした。この情報公開訴訟については、ブックレット『内閣官房長官の裏金　機密費の扉をこじ開けた4183日の闘い』（日本機関紙出版センター。2018年）にまとめました。

ですから、何が何でも本書は出版しなければならないと思い続け、どうにか書き上げることができました。丸尾忠義さんには厚く感謝申し上げます。

また、私は、官房機密費情報公開訴訟以外でも原告として情報公開訴訟してきました。財務省「森友学園」応接録情報公開訴訟、アベノマスク単価等情報公開訴訟、黒川弘務東京高検検事長（当時）勤務延長情報公開訴訟などでは、すでに勝訴しています。アベノマスク契約提携経過情報公開訴訟、統一協会名称変更情報公開訴訟などは現在訴訟中です。弁護団長はいずれも阪口徳雄弁護士で、各弁護団の皆様には日々奮闘いただいています。その各弁護団の弁護士の皆様には「政治資金オンブズマン」を直接または間接に支えていただいています。お礼の気持ちを込めて本書を捧げたいと思います。

2024年10月15日　衆議院議員総選挙公示日

【参考文献】

・上脇博之『どう思う？地方議員削減』日本機関紙出版センター、２０１４年
・上脇博之『財界主権国家・ニッポン　買収政治の構図に迫る』日本機関紙出版センター、２０１４年
・上脇博之『告発！政治とカネ　政党助成金20年、腐敗の深層』かもがわ出版、２０１５年
・上脇博之『追及！安倍自民党・内閣と小池都知事の「政治とカネ」疑惑』日本機関紙出版センター、２０１６年
・上脇博之『ここまできた小選挙区制の弊害』あけび書房、２０１８年
・上脇博之『内閣官房長官の裏金　機密費の扉をこじ開けた４１８３日の闘い』日本機関紙出版センター、２０１８年
・冨田宏治・上脇博之・石川康宏『いまこそ、野党連合政権を！』日本機関紙出版センター、２０２０年
・上脇博之『政党助成金、まだ続けますか？』日本機関紙出版センター、２０２１年
・河井疑惑をただす会・上脇博之『だまっとれん　河井疑惑　まだ終わっていない』日本機関紙出版センター、２０２２年
・上脇博之『日本維新の会の「政治とカネ」』日本機関紙出版センター、２０２２年
・上脇博之「『身を切る』と言いつつ『身を肥やす』錬金術」『週刊金曜日』２０２２年5月20日号16－20頁
・上脇博之『憲法の破壊者たち』日本機関紙出版センター、２０２２年
・上脇博之『なぜ「政治とカネ」を告発し続けるのか』日本機関紙出版センター、２０２３年
・上脇博之「自民党派閥の政治資金パーティー事件と〝真の政治改革〟の必要性」『法と民主主義』５８６号（２０２４年２・３合併号）42－45頁。

・上脇博之「議会制民主主義を掘り崩し続ける『政治とカネ』問題」『前衛』1026号（2023年5月号）90―103頁。
・上脇博之「安倍派パーティー券事件の深層」『世界』2024年2月号12―21頁。
・上脇博之「政党助成金は廃止し、企業献金も政治資金パーティーも禁止に　市民の運動で『政治とカネ』問題は大きく変わる」『月刊マスコミ市民』661号（2024年2月号）13―23頁
・上脇博之「政治資金問題なぜ起きるか　裏金事件は終わらない」『Kyodo Weekly』1346 5号（第32巻第6号）2024年2月5日4―7頁。
・上脇博之「自民党派閥政治資金パーティー裏金事件」『月刊社会民主』2024年4月号
・上脇博之「1994年『政治改革』の建前の失敗と〝真の政治改革〟の必要性」『科学的社会主義』2024年4月号6―12頁
・上脇博之「パー券裏金問題―『政治とカネ』の何がいま問われているのか」『前衛』2024年5月号64―79頁
・上脇博之「自民党〝裏金〟事件と民主主義・立憲主義の蹂躙」『月刊憲法運動』532号（2024年7月号）4―12頁
・上脇博之『検証　政治とカネ』岩波新書、2024年。
・上脇博之「改正されても自民党の裏金体質は変わらない」世界2024年8月号22―27頁。
・上脇博之「自民党〝裏金〟事件―金権腐敗政治は許せない」『女性白書2024』出版芸術社（2024年）137―140頁。
・上脇博之「改正政治資金規正法　10年後の領収書の公開はナンセンス　企業・団体献金、政党交付金は憲法違反、政策活動費は廃止を」月刊マスコミ市民668号（2024年9月号）2―12頁。

www.openpolitics.or.jp/pdf/230401/2018.pdf）
8.「池田黎明会」の2019年分政治資金収支報告書（https://www.openpolitics.or.jp/pdf/230401/2019.pdf）
9.「池田黎明会」の2020年分政治資金収支報告書（https://www.soumu.go.jp/senkyo/seiji_s/seijishikin/contents/SS20211126/100310.pdf）
10.「池田黎明会」の2021年分政治資金収支報告書（https://www.soumu.go.jp/senkyo/seiji_s/seijishikin/contents/SS20221125/1003400020.pdf）
11.「池田黎明会」の2022年分政治資金収支報告書（https://www.soumu.go.jp/senkyo/seiji_s/seijishikin/contents/SS20231124/1003600020.pdf）
12.「清和政策研究会」の2018年分政治資金収支報告書
13.「清和政策研究会」の2019年分政治資金収支報告書
14.「清和政策研究会」の2020年分政治資金収支報告書
15.「清和政策研究会」の2021年分政治資金収支報告書
16.「清和政策研究会」の2022年分政治資金収支報告書

添付書類

上記「証拠目録」にある「清和政策研究会」の2018年分～2022年分の各政治資金収支報告書を除くすべて

各1部

※上記「証拠目録」にある「清和政策研究会」の2018年分～2022年分の各政治資金収支報告書は、すでに御庁に送付しているので、今回は送付を割愛する。

以上。

が立件視野」朝日新聞2023年12月1日5時（https://www.msn.com/ja-jp/news/national/%E5%AE%89%E5%80%8D%E6%B4%BE-1%E5%84%84%E5%86%86%E8%B6%85%E3%81%AE%E8%A3%8F%E9%87%91%E3%81%8B-%E3%83%91%E3%83%BC%E5%88%B8%E3%83%8E%E3%83%AB%E3%83%9E%E8%B6%85%E3%81%88%E3%82%92%E9%82%84%E6%B5%81-%E5%9C%B0%E6%A4%9C%E3%81%8C%E7%AB%8B%E4%BB%B6%E8%A6%96%E9%87%8E/ar-AA1kNQ4O）
2. 023年11月30日に発売された「週刊文春」（2023年12月7日号）の記事
3.「安倍派・池田議員を逮捕へ　裏金4800万円、不記載か　東京地検」朝日新聞2024年1月7日 4時00分（https://www.asahi.com/articles/ASS166RSFS16UTIL01X.html）及び「安倍派 池田議員逮捕」2024年1月8日付記事
4.「安倍派パーティー収入、会計担当『還流を事務総長に報告』…東京地検は歴代総長への聴取も視野」読売新聞2023年12/7(木) 5:04（https://news.yahoo.co.jp/articles/e895c93362a16142b8bf9dccc75fc4663d607bf7）
5.「安倍派、後継会長を置かず　塩谷氏ら7人が集団指導」時事通信2022年07月13日16時58分（https://web.archive.org/web/20220713141239/https://www.jiji.com/jc/article?k=2022071300786）
6.「＜独自＞森元首相の関与有無解明へ　東京地検、パーティー収入不記載事件」産経新聞2024年1/1（月）1:30配信（https://news.yahoo.co.jp/articles/bd77577d69efd5ac8f284a83c8637cbacae1d633）
7.「池田黎明会」の2018年分政治資金収支報告書（https://

年分	共謀者
2018年分	細田博之・会長（故人）、被告発人下村博文・事務総長、被告発人M・代表者兼会計責任者、被告発人I・事務担当者
2019年分	細田博之・会長（故人）、被告発人松野博一・事務総長、被告発人M・代表者兼会計責任者、被告発人I・事務担当者
2020年分	細田博之・会長（故人）、被告発人松野博一・事務総長、被告発人M・代表者兼会計責任者、被告発人I・事務担当者
2021年分	安倍晋三・会長（故人）、被告人西村康稔・事務総長、被告発人M・代表者兼会計責任者、被告発人I・事務担当者
2022年分	被告発人森喜朗・元会長、被告発人塩谷立・会長代行、被告発人下村博文・会長代行、被告発人高木毅・事務総長、被告発人西村康稔・前事務総長、被告発人萩生田光一、被告発人世耕弘成・参議院幹事長、被告発人松野博一・官房長官、被告発人M・代表者兼会計責任者、被告発人I・事務担当者

ク　ただし、寄附金の供与日・受領日が大晦日というのは、真実なのか疑わしい。少なくとも毎年12月31日までに供与・受領されたものということだろう。

ケ　「清和政策研究会」の収支報告書不記載及び「池田黎明会」の収支報告書不記載について、それぞれ、かりに被告発人全員またはそのいずれかの故意が認定できなかったとしても当該被告発人は重過失によりそれを行なったことになる。

最後に

御庁におかれては、キックバックを受けた側のみならず、キックバックして裏金づくりを主導した側についても捜査を尽くして是非とも立件していただきたい。

証拠目録

1.「安倍派、1億円超の裏金か パー券ノルマ超えを還流 地検

報道されている（「安倍派パーティー収入、会計担当『還流を事務総長に報告』…東京地検は歴代総長への聴取も視野」読売新聞2023年12/7（木）5:04）ので、当時の会長だった細田博之（故人）、同安倍晋三（故人）、当時の各事務総長、会計責任者及び事務担当者は、お互いに共謀して、被告発人池田佳隆へのキックバックとしての寄附供与とその不記載を決定して実行したに違いない。

キ　安倍晋三会長が2022年7月に死去したので、2022年については、「清和政策研究会」は、会長代理の被告発人塩谷立、会長代理の被告発人下村博文、参議院安倍派会長の被告発人世耕弘成、副会長の被告発人高木毅、事務総長の被告発人西村康稔、被告発人松野博一・官房長官、被告発人萩生田光一・経済産業大臣の7名による世話人会による集団指導体制が採られていた（「安倍派、後継会長を置かず　塩谷氏ら7人が集団指導」時事通信2022年07月13日16時58分）ので、以上の7人が会計責任者及び事務担当者と共謀したに違いない。なお、副会長の被告発人高木毅は、被告発人西村康稔の後任の事務総長として、また被告発人西村康稔は前事務総長として、それぞれその共謀に加わっていることになる。

また、被告発人森喜朗は元会長であり、安倍晋三元首相が死去した後、前記世話人会という集団指導体制について被告発人森喜朗の意向が反映されたものであり、世話人会の幹部と面会していると報道されている（「＜独自＞森元首相の関与有無解明へ　東京地検、パーティー収入不記載事件」産経新聞2024年1/1（月）1:30配信）ので、上記共謀に加わっていたに違いない。会長不在であれば、世話人会の意思決定について発言力を有したと考えるのが自然だからである。

「池田黎明会」が「清和政策研究会」から受領した寄附

年	寄附の金額
2018年	608万円
2019年	1010万円
2020年	1378万円
2021年	1330万円
2022年	500万円
計	4826万円

エ　以上のように「池田黎明会」の2020年分〜2022年分の各収支報告書が2023年12月8日に訂正されたのは、「清和政策研究会」のいわゆるキックバックにおける受領者が「池田黎明会」であり、「池田黎明会」は当該受領寄附金を各収支報告書に記載しないまま当該収支報告書を作成して愛知県選管を介して総務大臣に提出したことについて“自白”したものである。この不記載は政治資金規正法第25条第1項第2号に該当する。

その判断は、事務方の独断ではできないだろう。資金管理団体「池田黎明会」の代表者である被告発人池田佳隆が同会計責任者兼事務担当者である被告発人Kと共謀して行なわれたものであるに違いない。

オ　となると、「清和政策研究会」は、上記キックバックにより「池田黎明会」に上記寄附金を供与していたことになるが、「清和政策研究会」の2018年分〜2022年分の各収支報告書には、当該寄附金供与の支出を一切記載しないまま、当該収支報告書を都選管を介して総務大臣に提出ことになり、この各不記載は政治資金規正法第25条第1項第2号に該当することになる。

カ　「清和政策研究会」が所属国会議員にキックバックしたことについては、会計責任者と事務担当者は事務総長に報告したと

策研究会」から寄附金を受領し、その2年の合計額が1618万円だったということだろう。

2018年から2022年までの合計額は4826万円になる。

「池田黎明会」の収支報告書の訂正に基づく「清和政策研究会」から受領した寄附金

年	寄附の金額
2018年	1618万円
2019年	
2020年	1378万円
2021年	1330万円
2022年	500万円
計	4826万円

ウ　以上の「清和政策研究会」からの各寄附金は、被告発人池田佳隆が毎年「清和政策研究会」の政治資金パーティー券を販売し、販売ノルマを超えた分のキックバックに違いないだろう。

上記4826万円は報道された約4800万円（「安倍派・池田議員を逮捕へ　裏金4800万円、不記載か　東京地検」朝日新聞2024年1月7日 4時00分）と一致する。

2024年1月8日付朝日新聞の報道によると、1618万円の内訳は、2018年が608万円、2019年が1010万円で、2018年から2022年までの合計額は4826万円だったと報じられたので金額は完全に一致した、

ア　朝日新聞は、2023年12月になると以下の報道を行なった。

「自民党の派閥が開いた政治資金パーティーをめぐる問題で、最大派閥の清和政策研究会（安倍派）が、所属議員が販売ノルマを超えて集めた分の収入を裏金として議員側にキックバックする運用を組織的に続けてきた疑いがあることが、関係者への取材でわかった。」（「安倍派、1億円超の裏金か パー券ノルマ超えを還流 地検が立件視野」朝日新聞2023年12月1日5時）

その前日の同年11月30日に発売された「週刊文春」（2023年12月7日号）は、「清和政策研究会」所属の衆議院議員である被告発池田佳隆について「安倍派内では“パー券営業部長”として知る人ぞ知る存在だ」と報道した。

イ　その「週刊文春」の取材を受けた被告発池田佳隆の事務所は、同年12月8日に、慌てて資金管理団体「池田黎明会」の直近3年分の総務省に保存されインターネット公表されている2020年分～2022年分の各収支報告書を訂正した。

その訂正によると、

「池田黎明会」は、

2020年12月31日に「清和政策研究会」から寄附金1378万円を受領し、

2021年12月31日に「清和政策研究会」から寄附金1330万円を受領し、

2022年12月31日に「清和政策研究会」から寄附金500万円を受領した、

というものだった。

また、2019年から2020年に繰越された金額について4228万3059円から5846万3059円へと1618万円増額する訂正も行なった。おそらく2018年と2019年にも、それぞれ「清和政

の日の翌日から3月以内(……)に、……都道府県の選挙管理委員会又は総務大臣に提出しなければならない。」と定め、

その定めの第1号において、「収入」につき、「その総額及び総務省令で定める項目別の金額」並びに「**同一の者からの寄附で、その金額の合計額が年間5万円を超えるものについては、その寄附をした者の氏名、住所及び職業、当該寄附の金額及び年月日**」を、

また、「**すべての支出について、その総額及び総務省令で定める項目別の金額並びに人件費、光熱水費その他の総務省令で定める経費以外の経費の支出(一件当たりの金額(数回にわたってされたときは、その合計金額)が5万円以上のものに限る。)について、その支出を受けた者の氏名及び住所並びに当該支出の目的、金額及び年月日**」を、

それぞれ上記収支報告書に記載するよう義務づけている。

ウ　そして、同法は第25条第1項において「第12条・・・・・・の規定に違反して第12条第1項……の報告書又はこれに併せて提出すべき書面に記載すべき事項の記載をしなかつた者」(第2号)及び「第12条第1項……の報告書又はこれに併せて提出すべき書面に虚偽の記入をした者」(第3号)につき「5年以下の禁錮又は100万円以下の罰金に処する」と罰則を定め、このことを通じて収支報告書における真実の記載を厳しく要求しているのである。

エ　また、同法第27条第2項は「重大な過失により、……第25条第1項の罪を犯した者も、これを処罰するものとする。」と定めている。

2.「清和政策研究会」及び「池田黎明会」の収支報告書不記載罪

そのいずれかの故意が認定できなかったとしても当該被告発人は重過失によりそれを行なった。

第2　罪名及び罰条

1（1）政治資金規正法第12条第1項、第25条第1項第2号、刑法第60条（収支報告書不記載罪）

（2）政治資金規正法第25条第1項、第27条第2項（重過失による収支報告書不記載罪）

2（1）政治資金規正法第12条第1項、第25条第1項第2号、刑法第60条（収支報告書不記載罪）

（2）政治資金規正法第25条第1項、第27条第2項（重過失による収支報告書不記載罪）

告発の理由

1　政治資金規正法の定め

ア　政治資金規正法は、その第9条において、「政治団体の事務担当者（……）（会計帳簿の記載に係る部分に限り、事務担当者の職務を補佐する者を含む。）は、会計帳簿を備え」、当該政治団体に係る「すべての収入」（第1項第1号）及び「すべての支出」（第1項第2号）を、それぞれ会計帳簿に「記載しなければならない」と定めている。

イ　同法は、その第12条第1項において、「政治団体の事務担当者（報告書の記載に係る部分に限り、事務担当者の職務を補佐する者を含む。）は、毎年12月31日現在で、当該政治団体に係るその年における収入、支出その他の事項で次に掲げるもの（これらの事項がないときは、その旨）を記載した報告書を、そ

共謀の上、政治資金規正法第12条第1項の義務に違反して、
(ア) 2018年分収支報告書を作成する際に、2018年に（遅くとも12月31日までに）「清和政策研究会」から上記キックバックとして寄附金809万円（推定）を受領したにもかかわらず、当該受領を一切記載せず、2019年5月17日に上記2018年分収支報告書を（愛知県選管を介して）総務大臣に提出し、
(イ) 2019年分収支報告書を作成する際に、2019年に（遅くとも12月31日までに）「清和政策研究会」から上記キックバックとして寄附金809万円（推定）を受領したにもかかわらず、当該受領を一切記載せず、2020年4月28日に上記2019年分収支報告書を（愛知県選管を介して）総務大臣に提出し、
(ウ) 2020年分収支報告書を作成する際に、2020年に（遅くとも12月31日までに）「清和政策研究会」から上記キックバックとして寄附金1378万円を受領したにもかかわらず、当該受領を一切記載せず、2021年6月1日に上記2020年分収支報告書を（愛知県選管を介して）総務大臣に提出し、
(エ) 2021年分収支報告書を作成する際に、2021年に（遅くとも12月31日までに）「清和政策研究会」から上記キックバックとして寄附金1330万円を受領したにもかかわらず、当該受領を一切記載せず、2022年5月6日に上記2021年分収支報告書を（愛知県選管を介して）総務大臣に提出し、
(オ) 2022年分収支報告書を作成する際に、2022年に（遅くとも12月31日までに）「清和政策研究会」から上記キックバックとして寄附金500万円を受領したにもかかわらず、当該受領を一切記載せず、2023年6月5日に上記2022年分収支報告書を（愛知県選管を介して）総務大臣に提出した。
(2) 上記 **(1)(ア)～(オ)** につき、かりに被告発人全員または

条第1項の義務に違反して、

2021年に（遅くとも12月31日までに）被告発人池田佳隆の資金管理団体「池田黎明会」に対し上記キックバックとして寄附金1330万円を供与したにもかかわらず、当該供与を一切記載せず、2022年4月25日に上記2021年分収支報告書を（都選管を介して）総務大臣に提出し、

（オ）「清和政策研究会」の元会長である被告発人森喜朗、会長代行である被告発人塩谷立、同会長代行である被告発人下村博文、同事務総長である被告発人高木毅、同前事務総長である被告発人西村康稔、参議院幹事長である被告発人世耕弘成、官房長官である被告発人松野博一、被告発人萩生田光一、同代表者兼会計責任者である被告発人M及び同事務担当者である被告発人Ｉは、2022年分収支報告書を作成する際に、お互いに共謀の上、政治資金規正法第12条第1項の義務に違反して、

2022年に（遅くとも12月31日までに）被告発人池田佳隆の資金管理団体「池田黎明会」に対し上記キックバックとして寄附金500万円を供与したにもかかわらず、当該供与を一切記載せず、2023年4月21日に上記2022年分収支報告書を（都選管を介して）総務大臣に提出した。

（2）上記**（1）（ア）～（オ）**につき、かりに被告発人全員またはそのいずれかの故意が認定できなかったとしても当該被告発人は重過失によりそれを行なった。

2　政治資金規正法第12条第1項は、5万円を超える収入につき政治団体の収支報告書の収入欄にその明細を記載することを義務づけているにもかかわらず、

（1）資金管理団体「池田黎明会」の代表者である被告発人池田佳隆と同会計責任者兼事務担当者である被告発人Ｋは、お互いに

附金608万円を供与したにもかかわらず、当該供与を一切記載せず、2019年4月17日に上記2018年分収支報告書を（都選管を介して）総務大臣に提出し、

（イ）「清和政策研究会」の会長である細田博之（故人）、同事務総長である被告発人松野博一、同代表者兼会計責任者である被告発人M及び同事務担当者である被告発人Ｉは、2019年分収支報告書を記載する際に、お互いに共謀の上、政治資金規正法第12条第1項の義務に違反して、

2019年に（遅くとも12月31日までに）被告発人池田佳隆の資金管理団体「池田黎明会」に対し上記キックバックとして寄附金1010万円を供与したにもかかわらず、当該供与を一切記載せず、2020年3月30日に上記2019年分収支報告書を（都選管を介して）総務大臣に提出し、

（ウ）「清和政策研究会」の会長である細田博之（故人）、同事務総長である被告発人松野博一、同代表者兼会計責任者である被告発人M及び同事務担当者である被告発人Ｉは、2020年分収支報告書を記載する際に、お互いに共謀の上、政治資金規正法第12条第1項の義務に違反して、

2020年に（遅くとも12月31日までに）被告発人池田佳隆の資金管理団体「池田黎明会」に対し上記キックバックとして寄附金1378万円を供与したにもかかわらず、当該供与を一切記載せず、2021年4月13日に上記2020年分収支報告書を（都選管を介して）総務大臣に提出し、

（エ）「清和政策研究会」の会長である安倍晋三（故人）、同事務総長である被告人西村康稔、同代表者兼会計責任者である被告発人M及び同事務担当者である被告発人Ｉは、2021年分収支報告書を作成する際に、お互いに共謀の上、政治資金規正法第12

第1　告発の事実

「清和政策研究会」は、東京プリンスホテル（東京都港区芝公園3-3-1 ）において政治資金パーティー「清和政策研究会との懇親の集い」を、

2018年5月22日、2019年5月21日、2020年9月28日、2021年12月6日、2022年5月17日にそれぞれ開催し、

その収入として、2018年は2億802万円、2019年は1億5338万円、2020年は1億262万円、2021年は1億2万円、2022年は9480万円を、それぞれ得ていたということが、「清和政策研究会」の2018年分～2022年分の各収支報告書にそれぞれ記載されているところ、

また、「清和政策研究会」は所属の衆議院議員及び参議院議員ごとに毎年「清和政策研究会との懇親の集い」の政治資金パーティー券の販売についてノルマを課した上で、所属の各議員が当該ノルマを超えて当該政治資金パーティー券の販売を行なった分をいわゆるキックバックという形で寄附していたところ、

1　政治資金規正法第12条第1項は、5万円以上の支出につき政治団体の政治資金収支報告書（以下「収支報告書」という）の支出欄にその明細を記載することを義務づけているにもかかわらず、

(1)(ア)「清和政策研究会」の会長である細田博之（故人）、同事務総長である被告発人下村博文、同代表者兼会計責任者である被告発人M及び同事務担当者である被告発人Ｉは、2018年分収支報告書を作成する際に、お互いに共謀の上、政治資金規正法第12条第1項の義務に違反して、

2018年に（遅くとも12月31日までに）被告発人池田佳隆の資金管理団体「池田黎明会」に対し上記キックバックとして寄

被告発人

氏名　I

職業　「清和政策研究会」の事務担当者

被告発人

氏名　池田佳隆

職業　衆議院議員（「清和政策研究会」所属）、資金管理団体「池田黎明会」の代表者

被告発人

氏名　K

職業　資金管理団体「池田黎明会」の会計責任者兼事務担当者

年分	共謀者
2018年分	細田博之・会長（故人）、被告発人下村博文・事務総長、被告発人M・代表者兼会計責任者、被告発人I・事務担当者
2019年分	細田博之・会長（故人）、被告発人松野博一・事務総長、被告発人M・代表者兼会計責任者、被告発人I・事務担当者
2020年分	細田博之・会長（故人）、被告発人松野博一・事務総長、被告発人M・代表者兼会計責任者、被告発人I・事務担当者
2021年分	安倍晋三・会長（故人）、被告人西村康稔・事務総長、被告発人M・代表者兼会計責任者、被告発人I・事務担当者
2022年分	元会長・被告発人森喜朗、被告発人塩谷立・会長代行、被告発人下村博文・会長代行、被告発人高木毅・事務総長、被告発人西村康稔・前事務総長、被告発人世耕弘成・参議院幹事長、被告発人松野博一・官房長官、被告発人萩生田光一、被告発人M・代表者兼会計責任者、被告発人I・事務担当者

告発の趣旨

上記各被告発人について、下記「**第1　告発の事実**」に記載する各行為は、下記「**第2　罪名及び罰条**」に記載する各法条に違反するため、早急に捜査のうえ、厳重に処罰していただきたく告発する。

同会長代理（2022年分）

被告発人

氏名　松野博一

職業　衆議院議員、「清和政策研究会」の事務総長（2019年分、2020年分、2022年分）

被告発人

氏名　西村康稔

職業　衆議院議員、「清和政策研究会」の事務総長（2021年分、2022年分）

被告発人

氏名　塩谷立

職業　衆議院議員、「清和政策研究会」の会長代理（2022年分）

被告発人

氏名　高木毅

職業　衆議院議員、「清和政策研究会」の事務総長（2022年分）

被告発人

氏名　世耕弘成

職業　参議院幹事長、参議院安倍派会長（2022年分）

被告発人

氏名　萩生田光一

職業　衆議院議員、経済産業大臣（2022年分）

被告発人

氏名　森喜朗

職業　元衆議院議員、「清和政策研究会」元会長（2022年分）

被告発人

氏名　M

職業　「清和政策研究会」の代表者兼会計責任者

資料Ⅱ

告発状

～「清和政策研究会」の「池田黎明会」への キックバック不記載（裏金）事件～

2024年1月9日

東京地方検察庁　御 中

告発人　上脇　博之

はじめに

告発人は、2022年11月以降、自由民主党の5派閥の政治団体の政治資金パーティー収入のうち20万円を超える収入明細の不記載・虚偽記入につき御庁に告発状を送付してきた。

御庁は5派閥の政治団体のうち「清和政策研究会」の政治資金パーティーを巡る裏金事件で同所属の池田佳隆衆議院議員を逮捕した。報道によると、「清和政策研究会」の行なったキックバックによる寄附金を受領していたのは同議員の資金管理団体であったという。告発人は、その事実に基づき当該寄附金の供与及び受領が両政治団体の2018年分～2022年分の各政治資金収支報告書にそれぞれ記載されていなかった政治資金規正法違反として告発するものである。

被告発人

氏名　下村博文

職業　衆議院議員、「清和政策研究会」の事務総長（2018年分）、

（https://www.soumu.go.jp/senkyo/seiji_s/seijishikin/contents/SS20211126/317240.pdf）1部

28　「全友会」の2020年分政治資金収支報告書
（https://www.soumu.go.jp/senkyo/seiji_s/seijishikin/contents/SS20211126/313750.pdf）1部

29　「ティグレフォーラム」の2020年分政治資金収支報告書
（https://www.soumu.go.jp/senkyo/seiji_s/seijishikin/contents/SS20211126/315600.pdf）1部

30　「埼玉県医師連盟」の2020年分政治資金収支報告書
（https://www.pref.saitama.lg.jp/documents/207375/02_305100.pdf）1部

31　「清和政策研究会」のウェブサイトの「清和政策研究会とは？」のページ
（http://www.seiwaken.jp/seiwaken/seiwaken.html）1部

32　「細田派、首相3選へ結束　『改憲の約束果たす』と首相」スプートニク日本2018年5月23日06:36
（https://sputniknews.jp/20180523/4906203.html）1部

33　「自民・細田派がパーティー　首相『参院選勝ち抜く』」千葉日報2019年5月21日 20:14
（https://www.chibanippo.co.jp/newspack/20190521/596094）1部

34　山田美樹衆議院議員のフェイスブック2020年9月28日記事
（https://miki-yamada.com/blog/7670.html）1部

35　三ツ林ひろみ衆議院議員のフェイスブック2020年9月30日記事
（https://www.h-mitsubayashi.com/report/2020-9-28/）1部

以上。

（https://www.soumu.go.jp/senkyo/seiji_s/seijishikin/contents/SS20201127/319260.pdf）1部

19 「全友会」の2019年分政治資金収支報告書
（https://www.soumu.go.jp/senkyo/seiji_s/seijishikin/contents/SS20201127/313930.pdf）1部

20 「埼玉県医師連盟」の2019年分政治資金収支報告書
（https://www.pref.saitama.lg.jp/documents/185473/02_305580.pdf）1部

21 「TKC全国政経研究会」の2020年分政治資金収支報告書
（https://www.soumu.go.jp/senkyo/seiji_s/seijishikin/contents/SS20211126/315650.pdf）1部

22 「健康保険政治連盟」の2020年分政治資金収支報告書
（https://www.soumu.go.jp/senkyo/seiji_s/seijishikin/contents/SS20211126/303310.pdf）1部

23 「整形外科医政協議会」の2020年分政治資金収支報告書
（https://www.soumu.go.jp/senkyo/seiji_s/seijishikin/contents/SS20211126/307650.pdf）1部

24 「全国ビルメンテナンス政治連盟」の2020年分政治資金収支報告書
（https://www.soumu.go.jp/senkyo/seiji_s/seijishikin/contents/SS20211126/313230.pdf）1部

25 「全日電工連政治連盟」の2020年分政治資金収支報告書
（https://www.soumu.go.jp/senkyo/seiji_s/seijishikin/contents/SS20211126/313520.pdf）1部

26 「大阪府医師政治連盟」の2020年分政治資金収支報告書
（https://www.pref.osaka.lg.jp/attach/11318/00410355/02ak0058.pdf）1部

27 「日販協政治連盟」の2020年分政治資金収支報告書

contents/SS20191129/3179600012.pdf）1部

10 「全友会」の2018年分政治資金収支報告書
（https://www.soumu.go.jp/senkyo/seiji_s/seijishikin/contents/SS20191129/3142000016.pdf）1部

11 「埼玉県医師連盟」の2018年分政治資金収支報告書
（https://www.pref.saitama.lg.jp/documents/167375/30_305530.pdf）1部

12 「健康保険政治連盟」の2019年分政治資金収支報告書
（https://www.soumu.go.jp/senkyo/seiji_s/seijishikin/contents/SS20201127/303380.pdf）1部

13 「整形外科医政協議会」の2019年分政治資金収支報告書
（https://www.soumu.go.jp/senkyo/seiji_s/seijishikin/contents/SS20201127/307550.pdf）1部

14 「全国ビルメンテナンス政治連盟」の2019年分政治資金収支報告書
（https://www.soumu.go.jp/senkyo/seiji_s/seijishikin/contents/SS20201127/313430.pdf）1部

15 「全日電工連政治連盟」の2019年分政治資金収支報告書
（https://www.soumu.go.jp/senkyo/seiji_s/seijishikin/contents/SS20201127/313700.pdf）1部

16 「大阪府医師政治連盟」の2019年分政治資金収支報告書
（https://www.pref.osaka.lg.jp/attach/11318/00377980/01ak0058.pdf）1部

17 「日販協政治連盟」の2019年分政治資金収支報告書
（https://www.soumu.go.jp/senkyo/seiji_s/seijishikin/contents/SS20201127/317460.pdf）1部

18 「日本養豚振興政治連盟」の2019年分政治資金収支報告書

証拠目録＝添付書類

1 「清和政策研究会」の2018年分政治資金収支報告書（https://www.soumu.go.jp/senkyo/seiji_s/seijishikin/contents/SS20191129/3123500039.pdf）1部

2 「清和政策研究会」の2019年分政治資金収支報告書（https://www.soumu.go.jp/senkyo/seiji_s/seijishikin/contents/SS20201127/312130.pdf）1部

3 「清和政策研究会」が2020年分政治資金収支報告書（https://www.soumu.go.jp/senkyo/seiji_s/seijishikin/contents/SS20211126/311980.pdf）1部

4 「TKC全国政経研究会」の2018年分政治資金収支報告書（https://www.soumu.go.jp/senkyo/seiji_s/seijishikin/contents/SS20191129/3162300018.pdf）1部

5 「健康保険政治連盟」の2018年分政治資金収支報告書（https://www.soumu.go.jp/senkyo/seiji_s/seijishikin/contents/SS20191129/3032200020.pdf）1部

6 「整形外科医政協議会」の2018年分政治資金収支報告書（https://www.soumu.go.jp/senkyo/seiji_s/seijishikin/contents/SS20191129/3076000018.pdf）1部

7 「全日電工連政治連盟」の2018年分政治資金収支報告書（https://www.soumu.go.jp/senkyo/seiji_s/seijishikin/contents/SS20191129/3139900018.pdf）1部

8 「大阪府医師政治連盟」の2018年分政治資金収支報告書（https://www.pref.osaka.lg.jp/attach/11318/00337059/30ak0058.pdf）1部

9 「日販協政治連盟」の2018年分政治資金収支報告書（https://www.soumu.go.jp/senkyo/seiji_s/seijishikin/

になる。

裏金づくりも動機だったということが真実であれば、裏金づくりも“氷山の一角”だったことになる。前述したように会社名を公表されたくない会社などからの支払いほど裏金にしやすいからである。

ウ　以上**ア・イ**のことが捜査で明らかになれば、それらも含めて政治資金規正法第25条第1項第2号・第3号違反として立件されるべきである（故意が認定できない場合には重過失による収支報告書不記載・虚偽記入なので同法第27条第2項違反）。

エ　被告発人細田博之は、2021年10月31日執行の第49回衆議院議員総選挙の島根県1区に自由民主党公認候補として立候補し当選したが、告発人は、当該選挙において運動員に報酬を支払ったとして、被告発人細田博之と出納責任者を運動買収罪で松江地方検察庁に今年8月2日付告発状を送付している。被告発人細田博之は現在衆議院議長でもあるが、同人に厳格な遵法精神があるとは思えない。

オ　御庁におかれては本件「**告発の事実**」につき是非とも厳正な捜査を尽くして被告発人らの違法行為を刑事事件として立件していただきたい。そのためには犯行の動機の解明が不可欠であり、会計帳簿の記載を確認する必要がある。動機が裏金づくりだとすれば、上記**ア・イ**の政治資金規正法違反（**ウ**）についても捜査することになるはずである。

カ　以上のように高額な裏金づくりの疑惑のある本件事件を有耶無耶に終わらせることなく、是非とも会計帳簿の証拠を押収する等して厳正な捜査を尽くして厳重に処罰していただきたい。

「清和政策研究会との懇親の集い」の会費20万円超の支払い者は政治資金規正法により収支報告の作成及び提出義務のある政治団体であったから、告発人は、それらの2018年分、2019年分及び2020年分の各収支報告書の支出欄を確認し、「清和政策研究会」の2018年分、2019年分及び2020年分の各収支報告書の「政治資金パーティーの対価に係る収入」欄において記載されていないことを発見することができた。

しかし、パーティー会費の支払者が会社や個人などであれば、収支報告書の作成・提出義務がないので、告発人には、通常、発見することはできない。“政治団体からの見落とすはずのない複数の20万円超の受領を収支報告書に記載しなかった”ということは、“会社などからの20万円を超える政治資金パーティー会費支払者は収支報告書に記載されているもの以外にも多数ある”可能性が高い。収支報告書不記載の理由が「清和政策研究会」との関係を知られたくないことにあるのであれば、通常、会社名などを公表されたくない会社などの方がはるかに多いはずだからである。

イ　あるいはまた、「清和政策研究会」が上記各政治団体からの20万円超の会費支払いを収支報告書に記載していなかったということは、上記各「清和政策研究会との懇親の集い」の収入額（2018年は2億802万円、2019年は1億5338万円、2020年は1億262万円）に上記不記載分（2018年は434万円、2019年は426万円、2020年は514万円）が含まれておらず、2018年の434万円、2019年の426万円、2020年の514万円はそれぞれ裏金になった可能性もある。3年間で総合計1374万円は高額であり、悪質である。これも不記載の動機だった可能性は高く、この場合、不記載は両者の利害が一致した結果ということ

政治団体	支出の目的	金額	年月日
埼玉県医師連盟	清和政策研究会との懇親の集いにおける会費	440,000	2018年4月19日
	清和政策研究会との懇親の集いにおける会費	440,000	2019年5月21日
	清和政策研究会との懇親の集いにおける会費	440,000	2020年9月18日
11団体		**13,740,000**	

ウ　したがって、「清和政策研究会」側が3年連続して複数の20万円超の支払い総計1374万円を見落とすことなどありえないから、収支報告書の各不記載は明らかに故意になされたものであり、単純なミスであるはずがない。

そのような大胆な不記載は、「清和政策研究会」の事務担当者だけで行なえるものではないし、「清和政策研究会」は自民党の最大派閥の政治団体なので、その会長抜きに行なえるものではないから、「清和政策研究会」の会長である被告発人細田博之が、「清和政策研究会」の代表者兼会計責任者である被告発人M及び被告発人Ｉと共謀して故意に行なった犯行であるとしか考えられない。

エ　以上につき、被告発人全員またはそのいずれかの故意が認定できなかったとしても当該被告発人は重過失により同法第27条第2項に違反したものである。

最後に（本件不記載は“氷山の一角”の可能性）

ア　以上の各収支報告書不記載（3年で計1374万円）は“氷山の一角”だった可能性がある。

政治団体	支出の目的	金額	年月日
全友会	「清和政策研究会との懇親の集い」会費	100,000	2018年3月9日
	「清和政策研究会との懇親の集い」会費	60,000	2018年4月6日
	「清和政策研究会との懇親の集い」会費	100,000	2018年5月2日
	「清和政策研究会との懇親の集い」会費	100,000	2019年3月22日
	「清和政策研究会との懇親の集い」会費	100,000	2019年3月22日
	「清和政策研究会との懇親の集い」会費	60,000	2019年3月22日
	「清和政策研究会との懇親の集い」会費	100,000	2019年3月22日
	「清和政策研究会との懇親の集い」会費	100,000	2020年4月2日
	「清和政策研究会との懇親の集い」会費	100,000	2020年4月2日
	「清和政策研究会との懇親の集い」会費	100,000	2020年4月2日
ティグレフォーラム	清和政策研究会との懇親の集い	100,000	2020年8月5日
	清和政策研究会との懇親の集い	600,000	2020年9月23日
	清和政策研究会との懇親の集い	40,000	2020年9月28日
	清和政策研究会との懇親の集い	20,000	2020年9月28日

政治団体	支出の目的	金額	年月日
大阪府医師政治連盟	会費	100,000	2018年5月16日
	会費	200,000	2018年5月16日
	会費	100,000	2018年5月16日
	会費	100,000	2018年5月16日
	会費	100,000	2018年5月16日
	会費	300,000	2019年5月16日
	会費	100,000	2019年5月16日
	会費	60,000	2019年5月16日
	会費	100,000	2019年5月16日
	会費	100,000	2019年5月21日
	会費	100,000	2019年5月29日
	会費	60,000	2020年9月1日
	会費	100,000	2020年9月1日
	会費	100,000	2020年9月1日
	会費	200,000	2020年9月1日
	会費	100,000	2020年9月28日
日販協政治連盟	セミナー参加費	200,000	2018年3月19日
	セミナー参加費	400,000	2018年4月6日
	セミナー参加費	100,000	2018年4月6日
	セミナー参加費	60,000	2018年4月6日
	セミナー参加費	60,000	2018年5月16日
	セミナー参加費	400,000	2019年3月7日
	セミナー参加費	160,000	2019年3月18日
	セミナー参加費	100,000	2019年4月9日
	セミナー参加費	160,000	2020年2月19日
	セミナー参加費	400,000	2020年3月6日
	セミナー参加費	100,000	2020年7月15日
日本養豚振興政治連盟	パーティー券購入	60,000	2019年5月15日
	パーティー券購入	60,000	2019年5月15日
	パーティー券購入	100,000	2019年5月15日

政治団体	支出の目的	金額	年月日
整形外科医政協議会	渉外費	200,000	2018年3月8日
	渉外費	400,000	2018年3月14日
	渉外費	100,000	2018年3月27日
	渉外費	100,000	2019年3月13日
	渉外費	200,000	2019年3月15日
	渉外費	100,000	2019年4月17日
	渉外費	100,000	2020年3月17日
	渉外費	200,000	2020年4月9日
	渉外費	100,000	2020年7月20日
全国ビルメンテナンス政治連盟	会費	100,000	2019年3月22日
	会費	200,000	2019年4月26日
	会費	100,000	2020年2月28日
	会費	200,000	2020年9月30日
全日電工連政治連盟	会費	200,000	2018年3月14日
	会費	200,000	2018年3月15日
	会費	100,000	2018年3月15日
	会費	200,000	2018年5月9日
	会費	200,000	2018年5月10日
	会費	100,000	2019年4月11日
	会費	200,000	2019年4月11日
	会費	200,000	2019年4月11日
	会費	100,000	2019年4月11日
	会費	200,000	2019年5月7日
	会費	200,000	2020年2月26日
	会費	100,000	2020年5月7日
	会費	200,000	2020年6月26日
	会費	200,000	2020年7月27日
	会費	200,000	2020年9月1日
	会費	200,000	2020年9月17日

政治団体	支出の目的	金額	年月日
健康保険政治連盟	懇親の集い会費	100,000	2018年4月26日
	懇親の集い会費	20,000	2018年4月17日
	懇親の集い会費	20,000	2018年4月26日
	懇親の集い会費	20,000	2018年4月26日
	懇親の集い会費	40,000	2018年4月26日
	懇親の集い会費	80,000	2018年4月26日
	懇親の集い会費	60,000	2018年4月26日
	懇親の集い会費	20,000	2018年4月26日
	懇親の集い会費	100,000	2019年5月15日
	懇親の集い会費	80,000	2019年5月15日
	懇親の集い会費	20,000	2019年5月15日
	懇親の集い会費	20,000	2019年5月15日
	懇親の集い会費	20,000	2019年5月15日
	懇親の集い会費	20,000	2019年5月15日
	懇親の集い会費	20,000	2019年5月15日
	懇親の集い会費	20,000	2019年5月15日
	懇親の集い会費	20,000	2019年5月15日
	懇親の集い会費	60,000	2020年9月10日
	懇親の集い会費	80,000	2020年9月10日
	懇親の集い会費	20,000	2020年9月10日
	懇親の集い会費	60,000	2020年9月10日
	懇親の集い会費	20,000	2020年9月10日
	懇親の集い会費	20,000	2020年9月10日
	懇親の集い会費	20,000	2020年9月10日
	懇親の集い会費	40,000	2020年9月10日
	懇親の集い会費	60,000	2020年9月10日
	懇親の集い会費	20,000	2020年9月10日

書に記載しなかった政治団体は3年で11もあり、その金額の合計は前述したように1374万円もあるうえに、11の政治団体のうち、同じ政治団体の支払いを3年続けて記載しないのが7つの政治団体もある（下記一覧参照）のは、あまりにも異常である。

「清和政策研究会」の政治団体ごとの20万円超パーティー収入不記載（3年分まとめ）

政治団体	支出の目的	金額	年月日
TKC全国政経研究会	会費	60,000	2018年5月15日
	会費	60,000	2018年5月15日
	会費	60,000	2018年5月15日
	会費	80,000	2018年5月15日
	会費	60,000	2020年9月23日
	会費	60,000	2020年9月23日
	会費	100,000	2020年9月23日

エ　以上の複数の各政党団体が2018年、2019年及び2020年の3年間に「清和政策研究会との懇親の集い」の会費として「清和政策研究会」に対し支出した総計額は1374万円になる。

「清和政策研究会との懇親の集い」への20万円超の会費支出総計額（1374万円）

年	2018年	2019年	2020年	**総計額**
20万円超会費支出合計額	434万円	426万円	514万円	**1374万円**

（2）政治資金規正法違反の収支報告書不記載罪

ア　一方、「清和政策研究会」の2018年分、2019年分及び2020年分の各収支報告書における「政治資金パーティーの対価に係る収入」欄には、上記（1）各一覧にある政治団体から受領したパーティー会費収入は1件も記載されていない。

上記（1）各一覧にある政治団体が虚偽の支出記載をする理由はないし、1つや2つではなく複数の政治団体が記載しているので、それらの各支出記載は真実だったとしか考えられない。

となると、「清和政策研究会」は、政治資金規正法第21条により、20万円を超えるものの内訳を収支報告書に記載することが義務づけられているにもかかわらず、それらの受領を一切記載されてはいなかったことになる。これは、政治資金規正法第25条第1項第2号に違反する収支報告書不記載罪に該当する。

イ　政治資金パーティーの収入として20万円超は決して少額ではない。政治資金規正法は20万円超のパーティー会費収入の明細を収支報告書に記載するよう義務づけているから、当然、政治団体側は1回の支払いが20万円超のものだけではなく合計で20万円超の支払いには注目するはずである。

20万円超の支払いをしたのに「清和政策研究会」が収支報告

「清和政策研究会との懇親の集い」への20万円超の会費支出（2020年）			
政治団体	支出の目的	金　額	年月日
大阪府医師政治連盟	会費	60,000	2020年9月1日
	会費	100,000	2020年9月1日
	会費	100,000	2020年9月1日
	会費	200,000	2020年9月1日
	会費	100,000	2020年9月28日
	合計	**560,000**	
日販協政治連盟	セミナー参加費	160,000	2020年2月19日
	セミナー参加費	400,000	2020年3月6日
	セミナー参加費	100,000	2020年7月15日
	合計	**660,000**	
全友会	「清和政策研究会との懇親の集い」会費	100,000	2020年4月2日
	「清和政策研究会との懇親の集い」会費	100,000	2020年4月2日
	「清和政策研究会との懇親の集い」会費	100,000	2020年4月2日
	合計	**300,000**	
ティグレフォーラム	清和政策研究会との懇親の集い	100,000	2020年8月5日
	清和政策研究会との懇親の集い	600,000	2020年9月23日
	清和政策研究会との懇親の集い	40,000	2020年9月28日
	清和政策研究会との懇親の集い	20,000	2020年9月28日
	合計	**760,000**	
埼玉県医師連盟	清和政策研究会との懇親の集いにおける会費	440,000	2020年9月18日
	合計	**440,000**	
	総計	**5,140,000**	

「清和政策研究会との懇親の集い」への20万円超の会費支出（2020年）			
政治団体	支出の目的	金　額	年月日
健康保険政治連盟	懇親の集い会費	60,000	2020年9月10日
	懇親の集い会費	80,000	2020年9月10日
	懇親の集い会費	20,000	2020年9月10日
	懇親の集い会費	60,000	2020年9月10日
	懇親の集い会費	20,000	2020年9月10日
	懇親の集い会費	20,000	2020年9月10日
	懇親の集い会費	20,000	2020年9月10日
	懇親の集い会費	40,000	2020年9月10日
	懇親の集い会費	60,000	2020年9月10日
	懇親の集い会費	20,000	2020年9月10日
	合計	**400,000**	
整形外科医政協議会	渉外費	100,000	2020年3月17日
	渉外費	200,000	2020年4月9日
	渉外費	100,000	2020年7月20日
	合計	**400,000**	
全国ビルメンテナンス政治連盟	会費	100,000	2020年2月28日
	会費	200,000	2020年9月30日
	合計	**300,000**	
全日電工連政治連盟	会費	200,000	2020年2月26日
	会費	100,000	2020年5月7日
	会費	200,000	2020年6月26日
	会費	200,000	2020年7月27日
	会費	200,000	2020年9月1日
	会費	200,000	2020年9月17日
	合計	**1,100,000**	

和政策研究会との懇親の集い」の参加費として下記一覧「**20万円超のパーティー支出（2020年）**」の通り、

「TKC全国政経研究会」は計22万円、
「健康保険政治連盟」は計40万円、
「整形外科医政協議会」は計40万円、
「全国ビルメンテナンス政治連盟」は計30万円、
「全日電工連政治連盟」は計110万円、
「大阪府医師政治連盟」は計56万円、
「日販協政治連盟」は計66万円、
「全友会」は計30万円、
「ティグレフォーラム」は計76万円、
「埼玉県医師連盟」は計44万円
をそれぞれ支出したと記載されていた。
それらの**支出合計額は514万円**になる。

「清和政策研究会との懇親の集い」への20万円超の会費支出（2020年）			
政治団体	支出の目的	金　額	年月日
TKC全国政経研究会	会費	60,000	2020年9月23日
	会費	60,000	2020年9月23日
	会費	100,000	2020年9月23日
	合計	**220,000**	

「清和政策研究会との懇親の集い」への20万円超の会費支出（2019年）			
政治団体	支出の目的	金　額	年月日
大阪府医師政治連盟	会費	300,000	2019年5月16日
	会費	100,000	2019年5月16日
	会費	60,000	2019年5月16日
	会費	100,000	2019年5月16日
	会費	100,000	2019年5月21日
	会費	100,000	2019年5月29日
	合計	**760,000**	
日販協政治連盟	セミナー参加費	400,000	2019年3月7日
	セミナー参加費	160,000	2019年3月18日
	セミナー参加費	100,000	2019年4月9日
	合計	**660,000**	
日本養豚振興政治連盟	パーティー券購入	60,000	2019年5月15日
	パーティー券購入	60,000	2019年5月15日
	パーティー券購入	100,000	2019年5月15日
	合計	**220,000**	
全友会	「清和政策研究会との懇親の集い」会費	100,000	2019年3月22日
	「清和政策研究会との懇親の集い」会費	100,000	2019年3月22日
	「清和政策研究会との懇親の集い」会費	60,000	2019年3月22日
	「清和政策研究会との懇親の集い」会費	100,000	2019年3月22日
	合計	**360,000**	
埼玉県医師連盟	清和政策研究会との懇親の集いにおける会費	440,000	2019年5月21日
	合計	**440,000**	
	総計	**4,260,000**	

ウ　下記10の政治団体の2020年分の各収支報告書によると「清

「全友会」は計36万円、
「埼玉県医師連盟」は計44万円
をそれぞれ支出したと記載されていた。
それらの**支出合計額は426万円**になる。

「清和政策研究会との懇親の集い」への20万円超の会費支出（2019年）			
政治団体	支出の目的	金　額	年月日
健康保険政治連盟	懇親の集い会費	100,000	2019年5月15日
	懇親の集い会費	80,000	2019年5月15日
	懇親の集い会費	20,000	2019年5月15日
	懇親の集い会費	20,000	2019年5月15日
	懇親の集い会費	20,000	2019年5月15日
	懇親の集い会費	20,000	2019年5月15日
	懇親の集い会費	20,000	2019年5月15日
	懇親の集い会費	20,000	2019年5月15日
	懇親の集い会費	20,000	2019年5月15日
	合計	**320,000**	
整形外科医政協議会	渉外費	100,000	2019年3月13日
	渉外費	200,000	2019年3月15日
	渉外費	100,000	2019年4月17日
	合計	**400,000**	
全国ビルメンテナンス政治連盟	会費	100,000	2019年3月22日
	会費	200,000	2019年4月26日
	合計	**300,000**	
全日電工連政治連盟	会費	100,000	2019年4月11日
	会費	200,000	2019年4月11日
	会費	200,000	2019年4月11日
	会費	100,000	2019年4月11日
	会費	200,000	2019年5月7日
	合計	**800,000**	

「清和政策研究会との懇親の集い」への20万円超の会費支出（2018年）			
政治団体	支出の目的	金　額	年月日
日販協政治連盟	セミナー参加費	200,000	2018年3月19日
	セミナー参加費	400,000	2018年4月6日
	セミナー参加費	100,000	2018年4月6日
	セミナー参加費	60,000	2018年4月6日
	セミナー参加費	60,000	2018年5月16日
	合計	**820,000**	
全友会	「清和政策研究会との懇親の集い」会費	100,000	2018年3月9日
	「清和政策研究会との懇親の集い」会費	60,000	2018年4月6日
	「清和政策研究会との懇親の集い」会費	100,000	2018年5月2日
	合計	**260,000**	
埼玉県医師連盟	清和政策研究会との懇親の集いにおける会費	440,000	2018年4月19日
	合計	**440,000**	
	総計	**4,340,000**	

イ　下記9つの政治団体の2019年分の各収支報告書によると「清和政策研究会との懇親の集い」の参加費として下記一覧「**20万円超のパーティー支出（2019年）**」の通り、

「健康保険政治連盟」は計32万円、

「整形外科医政協議会」は計40万円、

「全国ビルメンテナンス政治連盟」は計30万円、

「全日電工連政治連盟」は計80万円、

「大阪府医師政治連盟」は計76万円、

「日販協政治連盟」は計66万円、

「日本養豚振興政治連盟」は計22万円、

「清和政策研究会との懇親の集い」への20万円超の会費支出（2018年）			
政治団体	支出の目的	金　額	年月日
健康保険政治連盟	懇親の集い会費	100,000	2018年4月26日
	懇親の集い会費	20,000	2018年4月17日
	懇親の集い会費	20,000	2018年4月26日
	懇親の集い会費	20,000	2018年4月26日
	懇親の集い会費	40,000	2018年4月26日
	懇親の集い会費	80,000	2018年4月26日
	懇親の集い会費	60,000	2018年4月26日
	懇親の集い会費	20,000	2018年4月26日
	合計	**360,000**	
整形外科医政協議会	渉外費	200,000	2018年3月8日
	渉外費	400,000	2018年3月14日
	渉外費	100,000	2018年3月27日
	合計	**700,000**	
全日電工連政治連盟	会費	200,000	2018年3月14日
	会費	200,000	2018年3月15日
	会費	100,000	2018年3月15日
	会費	200,000	2018年5月9日
	会費	200,000	2018年5月10日
	合計	**900,000**	
大阪府医師政治連盟	会費	100,000	2018年5月16日
	会費	200,000	2018年5月16日
	会費	100,000	2018年5月16日
	会費	100,000	2018年5月16日
	会費	100,000	2018年5月16日
	合計	**600,000**	

3　20万を超える対価の支払いの不記載罪（3年間で不記載総額1374万円）

(1) パーティー会費20万円超を支払っている諸政治団体の2018年分、2019年分および2020年分の各収支報告書の記載

ア　下記8つの政治団体の2018年分の各収支報告書によると「清和政策研究会との懇親の集い」の参加費として下記一覧「**20万円超のパーティー支出（2018年）**」の通り、

「TKC全国政経研究会」は計26万円、
「健康保険政治連盟」は計36万円、
「整形外科医政協議会」は計70万円、
「全日電工連政治連盟」は計90万円、
「大阪府医師政治連盟」は計60万円、
「日販協政治連盟」は計82万円、
「全友会」は計26万円、
「埼玉県医師連盟」は計44万円
をそれぞれ支出したと記載されていた。

それらの**支出合計額は434万円**になる。

「清和政策研究会との懇親の集い」への20万円超の会費支出（2018年）			
政治団体	支出の目的	金　額	年月日
TKC全国政経研究会	会費	60,000	2018年5月15日
	会費	60,000	2018年5月15日
	会費	60,000	2018年5月15日
	会費	80,000	2018年5月15日
	合計	**260,000**	

た故人の安倍晋三衆議院議員・元内閣総理大臣が会長として「あいさつ」が掲載されたままであり、現在、会長は不在である。

(3)「清和政策研究会との懇親の集い」の実施

ア　「清和政策研究会」は、その2018年分、2019年分及び2020年分の各収支報告書によると、東京プリンスホテル「鳳凰の間」で「清和政策研究会との懇親の集い」を開催した。「清和政策研究会」の当時の会長だった被告発人細田博之は、「清和政策研究会との懇親の集い」に参加し、会長としての挨拶等を行なっていた。

東京プリンスホテルのウェブサイトにおける「大宴会場のご案内」のページによると、「鳳凰の間」の収容人数の一番多いのは、「ブッフェスタイル」で全室を利用した場合、2000人のようである。ただし、参加者のフェイスブックの紹介によると、2020年の場合は、新型コロナ禍だったので立食ではなく座席に着席した形で、「鳳凰の間」を含め12の部屋に分かれて開催されたようである。

イ　政治資金パーティー「清和政策研究会との懇親の集い」の収入額は、2018年が2億802万円、2019年が1億5338万円、2020年が1億262万円であり、その支出額は、2018年が3223万7257円、2019年が3352万875円、2020年が2681万2264円だった。このことは、「清和政策研究会」の2028年分、2019年分及び2020年分の各収支報告書で確認できる。政治資金パーティー収入は「清和政策研究会」の一番の収入源であり、寄付金収入（2018年は8660万円、2019年は8596万円、2020年は8140万円）よりも多い。

正された衆議院小選挙区（島根県第1区）でも当選を繰り返し、2017年、2019年、2021年の衆議院総選挙でも当選した衆議院議員である（11 期）。2021年11月10日から衆議院議員である（本人のウェブサイトの「経歴概要」のページ（http://h-hosoda.jp/?page_id=36））。2014年から2021年まで「清和政策研究会」の第9代会長であった（「清和政策研究会」のウェブサイトの「清和政策研究会とは？」のページ）。

イ　被告発人Mは「清和政策研究会」の「代表者」兼「会計責任者」である。

ウ　被告発人Ｉは「清和政策研究会」の事務担当者である。「会計責任者」の被告発人Mが「代表者」を兼ねているので、被告発人Ｉは政治資金収支報告書の作成において重要な役割を果たしていたと推定される。

(2)「清和政策研究会」について

ア　「清和政策研究会」は、主たる事務所の所在地は、東京都千代田区平河町…である。

イ　被告発人Mが「清和政策研究会」の「代表者」兼「会計責任者」を務めているものの、

国政政党である「自由民主党」の派閥の政治団体であり、派閥としては最多の国会議員が所属する最大派閥の政治団体であり、「清和政策研究会との懇親の集い」の開催された2018年から2020年当時の会長は被告発人細田博之であり、事実上の主催者代表は被告発人細田博之であり、「清和政策研究会との懇親の集い」では会長としてあいさつしたり、司会進行を務めていた。

イ　現在のホームページでは、被告発人細田博之の後任であっ

別記第14号様式では、「機関紙誌の発行その他の事業による収入」につき「事業の種類」「金額」「備考」を、収支報告書に記載するようにしている。

エ　加えて、政治資金規正法第12条第1項第1号は、「**一の政治資金パーティーの対価に係る収入（報告書に記載すべき収入があつた年の前年以前における収入を含む。）のうち、同一の者からの政治資金パーティーの対価の支払で、その金額の合計額が20万円を超えるもの**」については、「**その年における対価の支払について、当該対価の支払をした者の氏名、住所及び職業並びに当該対価の支払に係る収入の金額及び年月日**」（第1号ト）の明細を収支報告書に記載するよう義務づけている。

オ　そして、同法は第25条第1項において「第12条……の規定に違反して第12条第1項……の報告書又はこれに併せて提出すべき書面に記載すべき事項の記載をしなかつた者」（第2号）及び「第12条第1項……の報告書又はこれに併せて提出すべき書面に虚偽の記入をした者」（第3号）につき「5年以下の禁錮又は100万円以下の罰金に処する」と罰則を定め、このことを通じて収支報告書における真実の記載を厳しく要求しているのである。

カ　また、同法第27条第2項は「重大な過失により、……第25条第1項の罪を犯した者も、これを処罰するものとする。」と定めている。

2　被告発人らと「清和政策研究会との懇親の集い」について

(1)　被告発人らについて

ア　被告発人細田博之は1990年第39回衆議院総選挙に島根全県区より立候補し初当選し、1993年総選挙で再選し、その後改

パーティーの対価に係る収入については、政治資金パーティーごとに、その名称、開催年月日、開催場所及び対価に係る収入の金額並びに対価の支払をした者の氏名、住所及び職業（対価の支払をした者が団体である場合には、その名称、主たる事務所の所在地及び代表者兼会計責任者の氏名。……）並びに当該対価の支払に係る収入の金額及び年月日」（第１項第１号へ）を、

それぞれ会計帳簿に「記載しなければならない」と定めている。

ウ　同法は、その第12条第1項において、「政治団体の事務担当者（報告書の記載に係る部分に限り、事務担当者の職務を補佐する者を含む。）は、毎年12月31日現在で、当該政治団体に係るその年における収入、支出その他の事項で次に掲げるもの（これらの事項がないときは、その旨）を記載した報告書を、その日の翌日から3月以内（……）に、……都道府県の選挙管理委員会又は総務大臣に提出しなければならない。」と定め、

その定めの第１号において、「収入」につき、「その総額及び総務省令で定める項目別の金額」を上記収支報告書に記載するよう義務づけており、

政治資金規正法施行規則（以下「施行規則」という）第７条は「法第12条第１項第１号に規定する総務省令で定める項目」として「個人が負担する党費又は会費」「寄附（……）による収入」「機関紙誌の発行その他の事業による収入」「借入金」「本部又は支部から供与された交付金に係る収入」及び「その他の収入」とすると定め、

施行規則第８条は、「法第12条第１項の報告書（以下「収支報告書」という。）の様式」は「別記第14号様式に定めるところによる」と定め、

60条（政治資金収支報告書不記載罪）

2　政治資金規正法第25条第1項、第27条第2項（重過失による政治資金収支報告書不記載罪）

告発の理由

1　政治資金規正法の定め

ア　政治資金規正法は、その第8条の2において、「政治資金パーティー」とは「対価を徴収して行われる催物で、当該催物の対価に係る収入の金額から当該催物に要する経費の金額を差し引いた残額を当該催物を開催した者又はその者以外の者の政治活動（選挙運動を含む。これらの者が政治団体である場合には、その活動）に関し支出することとされているもの」と定義し、

「政治資金パーティー」は「政治団体によつて開催されるようにしなければならない。」と定め、

第22条の8において、「政治資金パーティーを開催する者は、当該政治資金パーティーの対価の支払を受けようとするときは、あらかじめ、当該対価の支払をする者に対し、当該対価の支払が政治資金パーティーの対価の支払である旨を書面により告知しなければならない。」と定めている。

イ　同法は、その第9条において、「政治団体の事務担当者（……）（会計帳簿の記載に係る部分に限り、事務担当者の職務を補佐する者を含む。）は、会計帳簿を備え」、当該政治団体に係る「すべての収入」（第1項第1号）のほか、

「機関紙誌の発行その他の事業による収入については、その事業の種類並びに当該種類ごとの金額及び収入年月日」（第1項第1号ホ）を、

「機関紙誌の発行その他の事業による収入のうち政治資金

20万円超のパーティー会費収入の不記載（2020年）		
政治団体	金額	年月日
	100,000	2020年9月28日
合計	**560,000**	
日販協政治連盟	160,000	2020年2月19日
	400,000	2020年3月6日
	100,000	2020年7月15日
合計	**660,000**	
全友会	100,000	2020年4月2日
	100,000	2020年4月2日
	100,000	2020年4月2日
合計	**300,000**	
ティグレフォーラム	100,000	2020年8月5日
	600,000	2020年9月23日
	40,000	2020年9月28日
	20,000	2020年9月28日
合計	**760,000**	
埼玉県医師連盟	440,000	2020年9月18日
合計	440,000	
総計	**5,140,000**	

「清和政策研究会」の20万円超の政治資金パーティー会費収入の不記載のまとめ（3年間で1374万円）

年	年間合計額
2018年	434万円
2019年	426万円
2020年	514万円
総合計額	**1374万円**

第2　罪名及び罰条

1　政治資金規正法第12条第1項、第25条第1項第2号、刑法第

20万円超のパーティー会費収入の不記載（2020年）		
政治団体	金額	年月日
健康保険政治連盟	60,000	2020年9月10日
	80,000	2020年9月10日
	20,000	2020年9月10日
	60,000	2020年9月10日
	20,000	2020年9月10日
	20,000	2020年9月10日
	20,000	2020年9月10日
	40,000	2020年9月10日
	60,000	2020年9月10日
	20,000	2020年9月10日
合計	**400,000**	
整形外科医政協議会	100,000	2020年3月17日
	200,000	2020年4月9日
	100,000	2020年7月20日
合計	**400,000**	
全国ビルメンテナンス政治連盟	100,000	2020年2月28日
	200,000	2020年9月30日
合計	**300,000**	
全日電工連政治連盟	200,000	2020年2月26日
	100,000	2020年5月7日
	200,000	2020年6月26日
	200,000	2020年7月27日
	200,000	2020年9月1日
	200,000	2020年9月17日
合計	**1,100,000**	
大阪府医師政治連盟	60,000	2020年9月1日
	100,000	2020年9月1日
	100,000	2020年9月1日
	200,000	2020年9月1日

20万円超のパーティー会費収入の不記載（2019年）		
政治団体	金額	年月日
日販協政治連盟	400,000	2019年3月7日
	160,000	2019年3月18日
	100,000	2019年4月9日
合計	**660,000**	
日本養豚振興政治連盟	60,000	2019年5月15日
	60,000	2019年5月15日
	100,000	2019年5月15日
合計	**220,000**	
全友会	100,000	2019年3月22日
	100,000	2019年3月22日
	60,000	2019年3月22日
	100,000	2019年3月22日
合計	**360,000**	
埼玉県医師連盟	440,000	2019年5月21日
合計	**440,000**	
総計	**4,260,000**	

20万円超のパーティー会費収入の不記載（2020年）		
政治団体	金額	年月日
ＴＫＣ全国政経研究会	60,000	2020年9月23日
	60,000	2020年9月23日
	100,000	2020年9月23日
合計	**220,000**	

20万円超のパーティー会費収入の不記載（2019年）		
政治団体	金額	年月日
健康保険政治連盟	100,000	2019年5月15日
	80,000	2019年5月15日
	20,000	2019年5月15日
	20,000	2019年5月15日
	20,000	2019年5月15日
	20,000	2019年5月15日
	20,000	2019年5月15日
	20,000	2019年5月15日
	20,000	2019年5月15日
合計	**320,000**	
整形外科医政協議会	100,000	2019年3月13日
	200,000	2019年3月15日
	100,000	2019年4月17日
合計	**400,000**	
全国ビルメンテナンス政治連盟	100,000	2019年3月22日
	200,000	2019年4月26日
合計	**300,000**	
全日電工連政治連盟	100,000	2019年4月11日
	200,000	2019年4月11日
	200,000	2019年4月11日
	100,000	2019年4月11日
	200,000	2019年5月7日
合計	**800,000**	
大阪府医師政治連盟	300,000	2019年5月16日
	100,000	2019年5月16日
	60,000	2019年5月16日
	100,000	2019年5月16日
	100,000	2019年5月21日
	100,000	2019年5月29日
合計	**760,000**	

20万円超のパーティー会費収入の不記載（2018年）		
政治団体	金額	年月日
整形外科医政協議会	200,000	2018年3月8日
	400,000	2018年3月14日
	100,000	2018年3月27日
合計	**700,000**	
全日電工連政治連盟	200,000	2018年3月14日
	200,000	2018年3月15日
	100,000	2018年3月15日
	200,000	2018年5月9日
	200,000	2018年5月10日
合計	**900,000**	
大阪府医師政治連盟	100,000	2018年5月16日
	200,000	2018年5月16日
	100,000	2018年5月16日
	100,000	2018年5月16日
	100,000	2018年5月16日
合計	**600,000**	
日販協政治連盟	200,000	2018年3月19日
	400,000	2018年4月6日
	100,000	2018年4月6日
	60,000	2018年4月6日
	60,000	2018年5月16日
合計	**820,000**	
全友会	100,000	2018年3月9日
	60,000	2018年4月6日
	100,000	2018年5月2日
合計	**260,000**	
埼玉県医師連盟	440,000	2018年4月19日
合計	**440,000**	
総計	**4,340,000**	

「大阪府医師政治連盟」からの計56万円、

「日販協政治連盟」からの計66万円、

「全友会」からの計30万円、

「ティグレフォーラム」からの計76万円、

「埼玉県医師連盟」からの計44万円、
以上**合計514万円**を受領したことを一切記載せず、2021年4月13日に上記2020年分収支報告書を（都選管を介して）総務大臣に提出した。

2. 上記**1（1）（2）（3）**につき、かりに被告発人全員またはそのいずれかの故意が認定できなかったとしても当該被告発人は重過失によりそれを行なった。

「清和政策研究会」の20万円超の政治資金パーティー会費収入の不記載

20万円超のパーティー会費収入の不記載（2018年）		
政治団体	金額	年月日
ＴＫＣ全国政経研究会	60,000	2018年5月15日
	60,000	2018年5月15日
	60,000	2018年5月15日
	80,000	2018年5月15日
合計	**260,000**	
健康保険政治連盟	100,000	2018年4月26日
	20,000	2018年4月17日
	20,000	2018年4月26日
	20,000	2018年4月26日
	40,000	2018年4月26日
	80,000	2018年4月26日
	60,000	2018年4月26日
	20,000	2018年4月26日
合計	**360,000**	

「埼玉県医師連盟」からの計44万円、

以上**合計434万円**を受領したことを一切記載せず、2019年4月17日に上記2018年分収支報告書を（東京都選挙管理員会（以下「都選管」という）を介して）総務大臣に提出した。

（2）上記2019年5月21日開催の「清和政策研究会との懇親の集い」の参加費として後記一覧「**20万円超のパーティー収入の不記載（2019年）**」の通り、

「健康保険政治連盟」からの計32万円、

「整形外科医政協議会」からの計40万円、

「全国ビルメンテナンス政治連盟」からの計30万円、

「全日電工連政治連盟」からの計80万円、

「大阪府医師政治連盟」からの計76万円、

「日販協政治連盟」からの計66万円、

「日本養豚振興政治連盟」からの計22万円、

「全友会」からの計36万円、

「埼玉県医師連盟」からの計44万円、

以上**合計426万円**を受領したことを一切記載せず、2020年3月30日に上記2019年分収支報告書を（都選管を介して）総務大臣に提出した。

（3）上記2020年9月28日開催の「清和政策研究会との懇親の集い」の参加費として後記一覧「**20万円超のパーティー収入の不記載（2020年）**」の通り、

「TKC全国政経研究会」からの計22万円、

「健康保険政治連盟」からの計40万円、

「整形外科医政協議会」からの計40万円、

「全国ビルメンテナンス政治連盟」からの計30万円、

「全日電工連政治連盟」からの計110万円、

園3－3－1）において政治資金パーティー「清和政策研究会との懇親の集い」を、

2018年5月22日、2019年5月21日、2020年9月28日 にそれぞれ開催し、

その収入として、2018年は2 億802万円、2019年は1億5338万円、2020年は1億262万円を、それぞれ得ていたということが、「清和政策研究会」の2018年分、2019年分、2020年分の各政治資金収支報告書（以下「収支報告書」という。）にそれぞれ記載されているところ、

1.「清和政策研究会」の会長である被告発人細田博之、同代表者兼会計責任者である被告発人M及び同事務担当者である被告発人Iは、

20万円を超える政治資金パーティー会費収入につき収支報告書の「政治資金パーティーの対価に係る収入」欄にその「内訳」を記載することが政治資金規正法第12条第1項により義務づけられているにもかかわらず、

お互いに共謀の上、その義務に違反して、

(1) 上記2018年5月22日開催の「清和政策研究会との懇親の集い」の参加費として後記一覧「**20万円超のパーティー収入の不記載（2018年）**」の通り、

「TKC 全国政経研究会」からの計26万円、

「健康保険政治連盟」からの計36万円、

「整形外科医政協議会」からの計70万円、

「全日電工連政治連盟」からの計90万円、

「大阪府医師政治連盟」からの計60万円、

「日販協政治連盟」からの計82万円、

「全友会」からの計26万円、

資料Ⅰ

告　　発　　状

2022年11月9日

東京地方検察庁　御 中

告発人　上脇　博之

被告発人

　氏名　細田博之

　職業　衆議院議員、衆議院議長（現在）、「清和政策研究会」会長（当時）

被告発人

　氏名　M　　職業　「清和政策研究会」の代表者兼会計責任者

被告発人

　氏名　I　　職業　「清和政策研究会」の事務担当者

告発の趣旨

「清和政策研究会」の会長である細田博之、代表者兼会計責任者であるM及び同事務担当者であるIについて、下記「**第1　告発の事実**」に記載する各行為は、下記「**第2　罪名及び罰条**」に記載する各法条に違反するため、早急に捜査のうえ、厳重に処罰していただきたく告発する次第である。

記

第1　告発の事実（政治資金収支報告書不記載3年間で1374万円）

「清和政策研究会」は、東京プリンスホテル（東京都港区芝公

【資　料　編】

ここでは資料として、第1部で紹介した告発のうち、2022年11月9日に最初の告発をした「清和政策研究会」の告発状（資料Ⅰ）と、2024年1月9日に最初の裏金告発をした池田佳隆議員らの告発状（資料Ⅱ）を、ほぼそのまま紹介します。「ほぼ」と書いたのは、住所を省略しているし、国会議員以外の事務方の氏名をイニシャルにしているからです。私（告発人）が東京地検に告発した人物（被告発人）の職業・身分は当時のものです。報道機関の記者の皆さんにも読んでもらうためにできるだけわかり易く書いているつもりですが、基本的には検察官向けに書いていますので、少し読みづらいかもしれませんが、最後までお付き合いください。

告発状の最後に「証拠目録＝添付書類」を列挙し、URLのリンクを貼っていますが、政治資金収支報告書の保存期間は3年なので、現在では、2018年分と2019年分の各収支報告書のリンクにアクセスしようとしても同収支報告書を入手することはできませんので、ご留意ください。

【著者紹介】

上脇　博之（かみわき　ひろし）

1958年7月、鹿児島県姶良郡隼人町（現在の霧島市隼人町）生まれ。鹿児島県立加治木高等学校卒業。関西大学法学部卒業。神戸大学大学院法学研究科博士課程後期課程単位取得。日本学術振興会特別研究員（PD）、北九州市立大学法学部講師・助教授・教授を経て、2004年から神戸学院大学大学院実務法学研究科教授、2015年から同大学法学部教授。

専門は憲法学。2000年に博士（法学）号を取得（神戸大学）。

憲法運動、市民運動の分野に参加しながら現在、憲法改悪阻止兵庫県各界連絡会議（兵庫県憲法会議）幹事「政治資金オンブズマン」代表、公益財団法人「政治資金センター」理事など。
◆研究書・単著
『政党国家論と憲法学』（信山社、1999 年）
『政党助成法の憲法問題』（日本評論社、1999 年）
『政党国家論と国民代表論の憲法問題』（日本評論社、2005 年）
◆共著
播磨信義・上脇博之・木下智史・脇田吉隆・渡辺洋編著『新どうなっている!?　日本国憲法〔第2 版〕〔第3版〕』（法律文化社、2009 年、2016 年）など。
◆一般向けブックレット（近年のもの）
『日本国憲法の真価と改憲論の正体』（日本機関紙出版センター、2017 年）
『ここまできた小選挙区制の弊害』（あけび書房、2018）
『内閣官房長官の裏金』（日本機関紙出版センター、2018年）
『安倍「4 項目」改憲の建前と本音』（同、2018年）
『忘れない、許さない！ 安倍政権の事件・疑惑総決算とその終焉』（かもがわ出版、2020年）など。
『政党助成金、まだ続けますか？』（日本機関紙出版センター、2021年）
河井疑惑をただす会・上脇博之『だまっとれん　河井疑惑　まだ終わっていない』（同、2022年）
『日本維新の会の「政治とカネ」』（同、2022年）
『憲法の破壊者たち』（同、2022年）
『なぜ「政治とカネ」を告発し続けるのか』（同、2023年）
『検証　政治とカネ』（岩波新書、2024年）
◆一般向け共著
坂本修・小沢隆一・上脇博之『国会議員定数削減と私たちの選択』（新日本出版社、2011 年）。

冨田宏治・石川康宏・上脇博之『いまこそ、野党連合政権を！』（日本機関紙出版センター、2020年）

自民党〝裏金〟事件　刑事告発は続く　民主主義をあきらめない

2024年 11月20日　初版第2刷発行

著者　上脇博之
発行者　坂手崇保
発行所　日本機関紙出版センター
〒553-0006　大阪市福島区吉野3-2-35
TEL 06-6465-1254　FAX 06-6465-1255
http://kikanshi-book.com/　hon@nike.eonet.ne.jp
本文組版　Third
編集　丸尾忠義
印刷・製本　日本機関紙出版センター

ISBN 978-4-88900-333-8

日本機関紙出版
〒553-0006 大阪市福島区吉野3-2-35
TEL06(6465)1254 FAX06(6465)1255

日本機関紙出版
〒553-0006 大阪市福島区吉野3-2-35
TEL06(6465)1254 FAX06(6465)1255

日本機関紙出版
〒553-0006 大阪市福島区吉野3-2-35
TEL06(6465)1254 FAX06(6465)1255

日本機関紙出版
〒553-0006 大阪市福島区吉野3-2-35
TEL06(6465)1254 FAX06(6465)1255

日本機関紙出版
〒553-0006 大阪市福島区吉野3-2-35
TEL06(6465)1254 FAX06(6465)1255